문학공원 시선 157

이어니 그림자라도 찾아보려고
문경장을 헤매며 떠돌다가
그만, 옛 추억을 한 움큼 주워들고
자꾸 뒤돌아보며 발길을 돌립니다

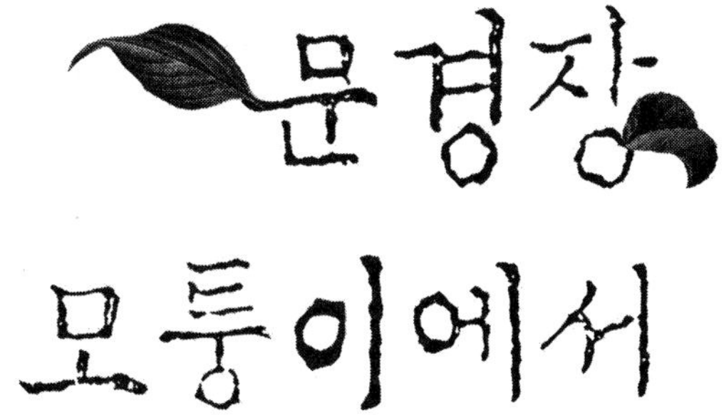

송옥임 시집

문학공원

문학공원 시선 157

어머니 그림자라도 찾아보려고
문경장을 헤매며 떠돌다가
그만, 옛 추억을 한 움큼 주워들고
자꾸 뒤돌아보며 발길을 돌립니다

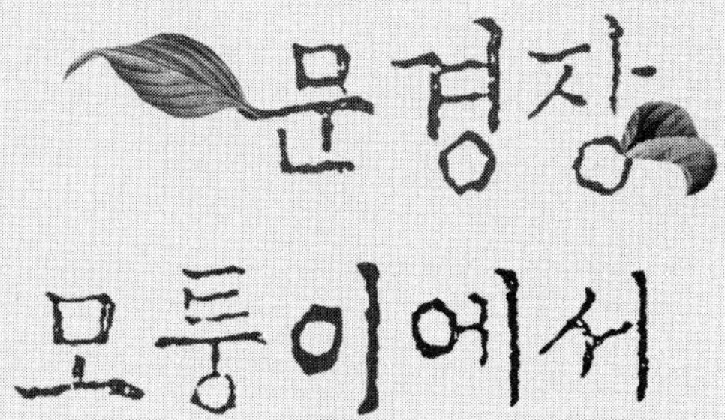

문경장 모퉁이에서

송옥임 시집

문학공원

자서

시집을 낸다는 건
세상에 나를 노출시키는 일
부끄럽거나 부끄럽지 않거나
그건 그리 중요치 않다.
시인이 뭐 그리 대단한 것인 줄 알고
그토록 시인이기를 원했지만
이제 나는 시인이고 싶지가 않다.
물론 후회하지는 않지만
숙제 못한 아이 마냥
늘 끙끙대는 내가 너무 싫다
두 번째 시집을 받아들면
난 어떤 기분이 들까?
내 삶의 이유와 흔적이
또다시 세상에 남는 걸까?
내 흔들림의 무게와 부피가
조금이나마 줄어들기를…
그러면서 아마 나는 또 삶이 다하는 그날까지
시를 쓸 것이다.

2019년 여름

송 옥 임

CONTENTS

1부 ● 칼의 공식

2부 ● 시인의 절대고독

CONTENTS

3부 ● 내 고향 문막동

4부 ● 불탄 집터를 보며

CONTENTS

작품해설

1부

칼의 공식

참깨의 영혼

나는 참깨의 영혼입니다
무리에서 이탈한 외로운 영혼이죠
그리하여 나는
어둠 속에서 둥둥 떠다닙니다
길지 않은 나의 생이 곤두박질치며
과거와 현재와 미래를 생각해봅니다
물론 내게 미래는 없습니다
인간의 손에 의해 익히고 볶이어
어둠 속을 둥둥 떠다닐 뿐입니다
과거와 현재와 미래를 안고
둥둥둥 떠다니다 스러질 운명…
행복한 적이 있느냐고 묻진 마세요
내게도 푸르던 시절이 있긴 했지만요
살아남은 극소수 참깨의 낱알들이
아마도 대를 이어 참깨를 잉태하겠지요

양파를 까면서

무심코 양파를 깐다
겉껍질을 까고 다시 속껍질을 깐다
향기롭고 매콤한 기운이
코와 눈을 자극해온다
서럽지 않은데 눈물이 난다
언제 흘려본 눈물인가
내 눈에 눈물 마른 지 너무 오래되어
울었던 기억이 나지 않을 지경이다
아주 사소한 일에도
자주 눈물을 흘리곤 했는데
어느 순간부터 눈물이 말라버린 걸까
가만 돌이켜 생각하니
어머니가 돌아가신 뒤부터
철철 눈물 흘리며 울어본 기억이 없다

우리들의 아파트

하늘이 높은지 땅이 좁은지
마을이 자꾸 하늘로 치솟는다
사람 위에 사람이 살고
사람 밑에도 사람들이 산다
별빛마을 달빛마을 햇빛마을에
하늘마을까지 높은 이름들이
여기저지 우뚝 서있다
많은 사람들이 살고 있지만
서로 눈높이가 다르니 바라보기도 어렵다
아무리 문을 활짝 열어도
위층도 아래층도 얼굴들이 보이지 않는다
성능 좋은 투시경을 만들어
온 세상을 한 번 비춰보고 싶다
저렇게 많은 아파트들…
수명이 다하면 그 자리에
높고 견고한 집들을 다시 지으려나
하늘이 높은지 땅이 좁은지
원…

칼의 공식

비록 하찮은 것을 자르더라도
벼리고 갈아 날을 세워야 한다
자르고 썰고 다듬고 쪼개고…
할일은 많고 많은데
베이지 않도록 조심해야 한다
가르고 도려내고 다지는 일도
칼과 인간이 더불어 할일이다
단단하게 자란 무를 토막내
깍둑깍둑 깍두기를 썰고
감자를 깎는 일도
사과를 깎는 일에도
적절한 방법을 모색해야 한다
허물어도 허물어지지 않는
날카롭고 위태로운 일상들
칼의 공식으로 세상을 견주어 본다
자르고 썰고 다듬고 쪼개는 일들이
세상의 모든 것에 적용되어
평등하고 반듯한 세상이 되어지도록
번득이는 칼날이 무디어지도록
기도하는 마음으로 살아가야 하리

물

나를 함부로 대하지 말아줘
제발 아껴주길 바래
나는 항상 낮은 데를 향해 가고 있어
쓸데없이 높은 것 따위엔
정말이지 관심도 없고 재미가 없어
아무리 힘들고 위태로워도
나는 다만 낮은 곳으로만 가려고 해
밝은 곳이든 어두운 곳이든 상관없어
때론 날카롭고 단단한 그 무엇이
나를 엄청 힘들게 할지도 몰라
나는 누군가의 몸속을 지나기도 하고
벌거벗은 누군가의 나체를 어루만지다
캄캄한 하수구로 곤두박질치기도 해
그리곤 또 끝없는 길을 가야하지
나는 한번 지나가면 그뿐이야
끝없이 잉태되고 끝없이 흐르는
흩어지지 않고 부서지지 않는
나는 아주 커다란 동그라미야
세상의 모든 것을 감싸 안고
또한 모든 것을 위해 살아가고 있지

얼굴거울

그 집에 가면 거울이 없어요
서로를 바라볼 얼굴거울만 있을 뿐이죠
누군가는 거울도 안보고 사느냐고
간혹 묻기도 하겠지만
안보고 사는 게 속편할까 싶기도 해서
서로의 얼굴만 바라보기로 했다지요
보이는 것과 보이지 않는 것엔
다소 차이가 있겠지만
보이지 않는다고 나쁜 건 아닌가 봐요
어쩌면 아주 중요한 걸 망각하기도 하지만요
거울에 비친 또 다른 세상에서
불안함과 묘한 감정이 솟아나는 건
현실에서 벗어나고픈 욕망일지도 몰라요
비춰진다는 건 눈이 부시다는 것…
빛이 있는 어둠 속에서 허둥대는 거죠
가끔 거울이 없는 그 집이 부럽더라구요
까짓 거울이 없다고 손해 볼 일은 없겠지요
세상의 모든 잡다한 일들이
거울처럼 맑고 투명하다면야
굳이 들여다보고 말고 할 필요도 없지 않을까요

물음표가 마침표로 바뀌기를

주전자에 물을 끓인다
바깥 날씨가 차가우니 문은 닫혀있고
수증기가 유리창에 달라붙어
쉽게 사라지지 않을 모양이다
나는 집게손가락을 뻗어
커다란 물음표 하나를 그린다
모를 일이다
아직도 나는 모를 일이다
강산이 다섯 번이나 바뀌고도 남을
길고 먼 길을 걸어왔지만
내 인생의 의문은 아직 풀리지 않는다
예전에 어디선가 보았던
커다란 물음표가 아직 생각나는데
어느 지점에서 내 물음표는
마침표로 바뀔 수 있을까
마침내 모든 것을 포기하고
가슴속까지 잠잠해질 수 있을까

안 가도 되는 일들

전주비빔밥 먹으러 전주에
춘천닭갈비 먹으러 춘천에
마산아귀찜 먹으러 마산에
포천이동막걸리 먹으러 포천에
평양냉면 먹으러 평양에
원주추어탕 먹으러 원주에
안동찜닭 먹으러 안동에
제주똥돼지 먹으러 제주에
잔치국수 먹으러 잔칫집에
풍천장어 먹으러 풍천에 안 가도 되고,

임금님표이천쌀 사러 이천에
청양고추 사러 청양에
의성마늘 사러 의성에
영광굴비 사러 영광에
파주장단콩 사러 파주에
완도미역 사러 완도에
대관령황태 사러 대관령에
울릉도오징어 사러 울릉도에
문경사과 사러 문경에
상주곶감 사러 상주에 안 가도 된다

계란빵 아저씨

털모자를 깊숙이 눌러쓴
좀 연세가 있어 보이는 아저씨가
사람들이 별로 다니지도 않는 골목에서
서투른 솜씨로 계란빵을 굽는다
지나가는 사람들은 관심도 없는데
아저씨는 열심히 빵을 굽는다
그러다 유모차를 밀고 다니며
폐휴지를 줍는 할머니에게
몇 개의 빵을 봉투에 담아
슬그머니 가져다 드린다
미안해서 어쩌우, 팔아서 돈이나 하시잖고
말은 그렇게 하면서도
할머니는 빵 봉지를 받으신다
따뜻할 때 드십시오, 식으려고 합니다
그러자 곧, 지나가던 아줌마가
3,000원어치만 주세요, 한다
예, 감사합니다

그리고 아저씨의 동작이 빨라진다
다시 반죽을 붓고 빵틀을 돌리는데
고소한 냄새가 사방으로 퍼진다

작은 언덕길

언덕에는 바람이 불고
거기 작은 길이 있었다
많은 사람들이
그 길을 걸어 천국으로 갔고
가끔은 지옥으로 가기도 했다
짐작컨대 가던 길 뒤돌아보며
눈물 흘리던 사람도 있을 것이고
너털웃음을 웃는 사람도 있었으리라
모든 것이 과거인 줄만 알았었는데
알고 보니 현재와 미래를 연결하는
아주 작은 통로였다
바람은 멈추지 않고 먼 길을 돌아
언덕 위에서부터 언덕 아래까지
가끔 회오리치기도 했다
언덕에는 아직 바람이 불고
거기 사람들이 걸어가고 있다

돈

돌고 돌아서 돈이라고
누군가 소리 높여 말하더라구요
어디선가 들은 소린데
나도 100% 공감합니다
돈은 사람의 땀 냄새를
세상에서 제일 좋아한다는
누군가의 우스갯소리도
정말 그럴싸했어요
때론 누군가의 눈물과
혹은 목숨과도 맞바꾸는
그 돈이 좋다고
사람들은 오늘도 용감하게
일터로 또는 일상으로 달려가지요
우리의 인생에서 필요에 의해
돈은 또 돌고 돌아야 하는 걸까요

시간의 법칙

아까운 시간들이
무심히 흘러 지나면서
얼마나 많은 것을
우리에게 주고 가는지
또한 얼마나
많은 것을 우리에게서
앗아가는지
오랜 시간이 지나서야
우리들은 깨닫게 되고
많은 것을 잃고서야
후회하게 되나니
지금 이 순간을 소중히 하리
많은 이들을 위해
나, 이 순간 기도하리라

가방

그녀는 나를 선택하는데
별로 고민하지 않았다
명품이 판치는 세상에서
그녀는 나와 명품을 비교하지도 않았다
세상에 관심이 없는 건지
아님 나에게 관심이 없는 듯도 했다
지갑 하나 수첩 하나 볼펜 등
그녀의 소지품은 아주 간단하다
평소엔 나를 차에다 싣고 다니지만
전철을 타거나 버스를 탈 때면
가끔 책을 한 권씩 넣고
나를 데리고 다니기도 했다
그녀가 무슨 생각을 하고 있는지
나는 도무지 알 수가 없다
예전에 그녀는 번득이는 영감으로
좋아하는 시를 쓰기도 했건만
불후의 명작은 아니더라도
멋진 시를 써서 내게 안겨주기도 했었지
아니, 그보다 나는 그녀가
나와 오래오래 함께해주길 바란다

나는 오늘도 그녀의 소중한 것과

잡다한 것들까지 품속에 간직하고
그녀의 손에 이끌려 나들이가고 있다

머리카락이 살아있다

머리카락이 이리저리 굴러다닌다
마치 살아있는 것처럼
치워도 치워도 자꾸 눈에 거슬린다
혹시 영혼이 깃들어 있지나 않을까
나는 가끔 빠진 머리카락을 보며
끔찍하게도 살아있다는 느낌을 자주 받는다
어쩌다 햇빛에 반사되는
날아다니는 먼지 입자(粒子)를 본 적이 있다
그 작은 먼지가 바닥으로 내려앉기까지는
많은 흔들림과 고뇌가 있었다
그는 결코 쉽게 내려앉지 않았다
머리카락도 역시 스스로 떠돌다가
마침내 누구의 것이 아닌
자유로운 몸짓으로 살고 싶었던 건 아닐까

오늘도 몇 가닥의 머리카락이
아주 자유롭게 방바닥을 굴러다닌다

문밖의 여자

고요한 날에 비가 내리면
난 문밖의 여자이고 싶다
잡다한 일상들 모두 잊고
조용히 빗길을 걸어가고 싶다
손잡이가 긴 우산을 펼쳐들고
젖은 옷자락을 펄럭이며
나, 먼 곳으로 떠나고 싶다
다시 못 올 날들이여
반짝이던 눈동자여 안녕!
너에게 이별을 고한다
다소 위안이 되었노라고
내, 너에게 필요치 않은 말도 하리라
비가 내리는 날이면
난 문밖의 여자가 된다
오랜 시간 동안 난 자유로운
문밖의 여자이고 싶었다

건망증과 치매 사이

내 기억이 자꾸 너를 잊으려 한다

내게 한 송이 꽃이었던 것들도
한 움큼의 고통이었던 것들마저
점점 희미하게 멀어져 가고 있다

무엇일까 골똘히 생각하려 애쓴 것은…
내가 한때 머물렀던 시간과 장소가
전혀 알 수 없는 곳처럼 기억이 나지 않는다

세상에 대한 미련과 아쉬움이
무게와 부피로부터 덜어지는 것일까
떠날 때에 가벼운 몸짓으로 갈 수 있도록…

따스한 봄날에 추운 겨울을 느끼고
고요함 속에서 천둥과 번개를 느끼며
먼저와 나중, 위와 아래를 구분키 어렵다

내 기억이 점점 희미해지고 있다

동성식물원

경기도 고양시 덕양구 지축동 704번지
이름하여 동성식물원
정확히 말하자면 관엽도매시장
지난 1991년 문을 연 이래 올해로 만 18년
그곳에는 참으로 많은 일이 있었다
자기사업에 실패하여 더 이상 희망이 없던 사람도
젊어서부터 식물을 키워왔던 사람도
전혀 식물에 문외한이던 사람도 시시각각 모여
고스란히 젊음을 바치며 자식들 공부도 시키고
모두들 열심히 일하며 열심히 살았다
초창기엔 커피자판기에서 커피가 흘러 넘쳤고
사람들 인심까지 흘러 넘쳤다
비닐하우스로 스물 네 동이던 동성식물원은
두 동 혹은 한 동씩 제각각 능력껏 장사를 하였으며
나름대로 취미생활도 하면서 한 때는
꽤나 재미있게 살았었다고 말하고 싶은 건
지금 문을 닫은 동성식물원에 대한
미련이나 아쉬움 때문일 런지…
가까운 곳에 전철역이 있어 교통도 편리하였고
무허가건물이지만 우린 그곳에서
딴엔 세상 부럽지 않게,
그렇게 전성기를 보냈다

얼굴 없는 눈동자

얼굴 없는 눈동자가
나를 노린다
시시때때로 우리들을
동시에 노려보고 있다
그놈 무서워
자동차 속력도 낼 수 없고
쓰레기도 함부로 버릴 수 없다
공공장소에서도 건물 안에서도
심지어 공원에서까지
얼굴도 없는 것이
계속 우리를 감시하고 있다
누구를 위한 감시인지 모르겠으나
스스로의 양심에 비춰보아도
그는 간혹 흑심을 품었겠지만
이 사회에 없어선 안 될 것 같다
그가 나를 노리지 않는다면
난 무진장 자동차 속력을 낼 것이며
쓰레기도 가끔 버릴 것 같다
얼굴 없는 눈동자는
오늘도 변함없이
불특정다수의 인간을 노려보고 있다

바람의 영혼

오랜 세월 그는 내게
반짝이는 별이었다가
높고 높은 산이었고
깊이를 알 수 없는
넓고 넓은 바다였었다

스치는 바람이었으며
차디찬 술잔이기도 하고
슬프디슬픈 눈물이었다가
때론 너털웃음이었고
쓰디쓴 약이기도 했다

달콤한 사탕이기도 했으며
가슴 저미는 아픔이었다가
애타는 그리움이었는데
어느 날 갑작스레 이별을 고하고
나를 두고 먼 길 갈 수 있을까

별이 된 언어들

시인의 머릿속에서
시가 되지못한 언어들이
거리를 헤매이다
바람에 쫓겨 허공을 맴돌다가
멀리 아주 가버렸나 했더니
내 발밑에서 부스럭거리고 있다

겨울 낙엽 같은 언어가
높은 산을 넘고 깊은 강을 건너
작은 골짜기를 지나
구름보다도 바람보다도 먼저
저 하늘 끝에 다다라
반짝이는 별이 되어
가만히 나를 비춰주고 있다

손

오른손 씨와 왼손 씨는 항상 사이가 좋았다
힘든 일이나 손쉬운 일이나
거의 함께하며 서로 위해주며 살아왔다
때로 주인의 말을 듣지 않고
게으름 핀 적은 있지만
오른손 씨와 왼손 씨는 함께 일하고
함께 쉬어야 하는 운명을 타고났나 보았다
둘은 슬하에 똑같이 다섯 남매를 두었는데
첫째인 엄지들은 둘 다 저만 잘났다고
우쭐거리며 힘든 일은 둘째인 검지나
키 큰 셋째에게 떠맡기려 한다
둘째인 검지도 뭐든 시늉만 하고
힘들거나 어려운 일은 모두 셋째 차지다
키 큰 셋째는 그래도 불평하지 않고
넷째인 약지와 부지런히 일한다
다섯째인 새끼손가락은
너무 얌전하여 누구에게나 거슬리지 않는다
그래도 오른손 씨와 왼손 씨는
자녀들을 잘 둔 셈이다
그들은 그의 손아귀에서
벗어나지 않고 늘 함께 있으니까

바람은 몸짓을 가지고 있다

어디서 시작된 바람인지는 알 수 없으나
바람은 몸짓을 가지고 있다
우리의 옷깃을 펄럭이게 하고
들판의 모든 풀잎과 곡식들을 흔들리게 하고
수많은 나뭇잎도 흔들며 지나간다

누구를 위해 부는 바람인지는 알 수 없으나
바람은 소리도 함께 가지고 있다
윙윙 바람소리가 울린다
하늘에서도 울리고, 나뭇가지에서도 울리고
우리들의 가슴속에서도 울린다

메마른 대지를 휘감고 지나가는 바람은
왠지 모를 슬픔을 가지고 있다
우리의 마음을 설레게도 하고
못 다한 사랑과 아쉬운 이별을 생각게 하는
바람은 커다란 몸짓을 가지고 있다

숫자에 대하여

숫자는 물론 세기 위해 존재하는 거야
그건 누구나 아는 사실이지만
모든 기록을 깨고 새로운 기록을 해야 하고
숫자는 파괴와 건설을 번복하기도 하지
우리는 숫자와 함께 나이를 먹고
음식을 먹고 모든 걸 숫자로 계산을 한다
예컨대, 술을 몇 잔이나 마셨다느니
얼마치의 물건을 샀다느니 하면서…
맨 처음 숫자를 만든 사람은
아마도 그 편리함을 생각하며 행복했을 것이다
결국은 자기가 만든 숫자에 갇혀
모든 사람들이 괴로워하리라는 생각은
끝내 하지 못하고 편리함을 생각하며
그는 스스로 만족하며 벅차했을 것이다
때로 숫자는 너무 딱딱하고 비정하지만
만약에 숫자가 세상에 없다면
이 세상은 아마도 끝없는 혼돈으로
앞과 뒤도 구분하지 못하고
위와 아래도 구분하지 못하고 말리라
질서를 위해서도 숫자는 존재해야 해…

날개를 꿈꾼 죄

난 붉은 가방 속에 들어 있었다
두터운 비닐로 포장되어
토막 난 시체처럼 가방 속에 있었다

난 나를 묻었다
붉은 가방 속의 나를
표정 하나 바꾸지 않고 묻어버렸다

난 스스로에게 반항하지 않았다
스스로의 무게에 짓눌려
거부의 눈초리도 주지 못했다

애초부터 내게 날개는 없었다
새로 태어나지 않은 내가
날개를 꿈꾸다니 얼마나 어리석은가

그렇게 나를 묻지 않았더라도
오랜 세월이 흘러간 후에
스스로 재가 될 운명이었던 것을…

난 어둠 속에서 떨고 있었다

그러다 타오르는 불길 속에
그만 온몸을 맡기고야 말았다

나는 이제 어디론가 떠나갔다
쓰리고 아픈 상처가
평생을 두고 아물지 못할 줄 알면서…

죽은 시인의 해골

죽어도, 다시 죽어도
그리고 세월 암만 흘러도
죽은 시인의 해골은
아마 썩지 않을 것이다

시를 못다 쓰고 죽은
시인의 해골이
아무리 세월 흐른다고
어떻게 썩을 수가 있겠는가

시인은 죽어서도
해골을 썩히지 않고
그 앙상한 해골에다
또다시 시를 담으리라

2부

시인의 절대고독

詩

누군가 완성해주지 않으면
일어서지 못하는 나에게
언제나 밝은 얼굴로 다가오던 너
나는 한때 너의 꿈이었지
오랫동안 깨지 않을 희망이었어
때로는 가슴 저미는 슬픔이었다가
너를 옭아매는 올가미이기도 했다
어느 한 사람의 가슴속에서
오래 머물지 못하는 나와
유독 너만은 긴 세월을 함께 했는데
조금만 더 정성을 기울여
나를 완성해주길 바라고 바랐지만
너는 언제나 게으름을 피우곤 했어
잘 써지지도 않는 소설을 쓴답시고
요즘 들어 나를 멀리하는 게 다반사였지
이 친구야! 제발 정신 좀 차려!

마음의 풍선

새해 새 희망으로
마음 크게 부풀려
풍선하나 만들어볼까

색깔은 필요치 않아
속마음으로 만들어
투명하면 그뿐이지…

누구든 마음의 눈으로만
볼 수 있다고 하면
마음 두는 이 있을까

벌거숭이 임금님이
여럿 생길지도 몰라
고거 재미있는 놀이네

새해 새 희망으로
가슴 크게 부풀려
커다란 풍선 만들어야지

어머니의 달리아는 지고

늙으신 어머니는 지금
까마득한 꿈을 꾸고 계십니다

그토록 지혜로웠던 어머니는
이제 눈빛조차 희미해지셨습니다

빌고 빌던 자식들의 안일(安逸)도
생각할 여력이 없으신가봅니다

해마다 마당 안에 달리아를 피우셨던
그 따뜻했던 손길도 이제는 식었습니다

어머니는 못난 자식들보다
약봉지를 더 의지하고 계십니다

세상의 무엇이 그토록 어머니를
병약하게 만들었는지 서러울 따름입니다

살아생전에 이 못난 자식이
효도 한 번 제대로 할 수 있을지…

지난날을 가슴 치며 후회하지만
남은 날도 잘해드리지 못할 것 같아 두렵습니다

지금 어머니의 관심사는 오직
병원 주사와 약봉지에만 있으십니다

느티나무 죽다

도로 옆에 새로 지은 그 집 앞엔
가로수가 몇 그루 서 있었다
해마다 싱싱하게 잎을 피우던 나무였다
그 중 한 그루의 나무가
서서히 잎이 시들더니
시름시름 앓다가 결국은 죽고 말았다
한마디로 그 나무는
그 집에 걸림목이었던 거다
누군가 나무의 뿌리에다가
몹쓸 짓을 한 것이 너무도 분명하다
확실한 죗값을 묻고 싶지만
아무도 본 사람이 없으니
육하원칙이 성립되지 않는다
그야말로 증거 없음이다
또한, 개인적으로 따질 수도 없는 일
죽은 나무는 이제 곧 베어질 것이다

그리고 누군가는 웃을 것이다

어느 젊은이의 죽음

휴대폰 전화번호부에서
어느 한 사람의 번호를 지워야겠다
이제 다시는 그에게서
전화가 걸려오는 일은 없을 터이니…
나 또한 다시는 그에게
전화 걸 일이 영영 없을 것이니
젊은 그가 세상을 떠났단다
이 추운 날에 심장마비로
살아갈 날도 해야 할 일도 많은
꽃다운 마흔네 살의 그가
이젠 다시 볼 수 없는 사람이 되다니
젊은 혈기로 열심히 일하며
때로는 지나친 욕심으로
속앓이가 무척 심했던 사람인데
모든 것 이 세상에 다 버려두고

서둘러 세상을 떠난 그가
내 마음속에 들어와 슬프고 안타깝다
고통 없는 세상에서 다시 태어나
행복한 영혼으로 살아가기를 빌어본다

* 삼가 최진삼 님의 명복을 빕니다.

나는 진달래꽃

바람 속에서 나는 혼자였어요
추위에 떨며 언 가슴으로
오직 꽃을 피우기 위해 견뎌왔어요
아직 꽃샘추위가 나를 시험하려 들겠지만
그러나 모진 바람도 내 의지를 꺾진 못해요
나는 슬픈 전설을 가진 꽃이지만
슬픔으로 꽃을 피우진 않아요
푸른 잎이 보고 싶지만
나의 가지가 새잎을 피우기전에
나는 먼저 꽃을 피워야 해요
왜냐하면 난 슬픔이 마렵거든요
눈물과 통곡으로는 해결할 수가 없어요
말하자면 내 슬픔을 꽃으로
또는 희망으로 세상을 밝히고 싶거든요

새로운 방황

얼마나 많은 시간들이 지나갔을까
그 아까운 시간들이
땅바닥에 곤두박질치기도 하고
허공을 맴돌기도 한다
풀잎이 핀다
꽃이 진다
바람은 잠시 스칠 뿐, 그뿐
가슴속엔 죽은 언어가
삶의 알갱이들을 세고 있다
날갯죽지에 감춰둔 희망의 언어는
내 삶을 굴곡으로 밀어 넣었다
나는 떠날 것인가
머물 것인가를 잠시 생각한다
누군가 곁에 없어도
이제 나는 외롭지 않다
살아온 날들이 나를 강하게 만들었다
세월은 오고, 세월은 가고
끝나지 않은 인생의 강이
내 발밑에 아직 머무는데
계절은 또 지나가도 좋으리
꽃은 피고 풀잎도 다시 피는데…

불발 광명성 3호

누군가는 축포를 쏘았다고 하더라구
내가 보기엔 완전 불놀이던디 말이여
어린애들 장난치듯 불놀이를 한기여
조금 우아하게 말하자면 폭죽놀이를 했다고나 할까
굶주리는 수많은 주민들을 제쳐두고
그 많은 돈을 들여 불놀이를 했더라구
삼대세습을 자축하며 온 세계의 이목을 집중시켜 놓고
글쎄, 불발로 끝날 불놀이를 했다니깐
고도의 긴장감으로 바라보던 이들은
다행이라면서 스스로 가슴을 쓸어내렸지
국제적으로 망신살이 낀 불놀이를 한기여
로켓이니 인공위성이니 하는
거창한 표현으로 과대광고를 해놓고

핵실험을 하기 위한 음모를 꾸미는 거여
강 건너 바다 건너 불구경을 하면서
혹 불똥이 튀지 않을까 걱정하는 것은
수많은 인명피해를 불러올 가능성 때문이지
누가 저들의 만행을 막을 수 있을까

스스로 자멸하길 바라고 바라지만
죄 없는 불쌍한 우리 동포들을 어찌할꼬

리어카 한 대[1)]

김순진의 『리어카 한 대』에는
많은 이야기가 실려 있다
빼곡히 혹은, 차곡차곡…
부피와 무게가 상당하다
거기엔 먹음직한 사과도 있고
애써 찾던 열쇠꾸러미와
가슴에 펄럭이는 두 태극기도 있다
사랑하는 가족과, 친구와 이웃
환경미화원에 어설픈 강도까지
많은 이가 또 함께 타고 있으니
리어카 한 대로는 어림없지…
그야말로 애매한 결정이다
그는 스스로 잘못을 인정하고
역사책을 다시 써야할 것이다
앞으로도 많은 이야기가
보태되 줄어들지 않을 모양이니
영구히 보관할
그에겐 커다란 창고가 필요하리라

---

1) * 김순진 작가의 수필집 제목

술을 마시고

우리가 술잔에 따루어 마신 것은
마시면 취하는 술만은 아니었으리

세월도 따루고, 인생도 따루고
추억도 따루어 모두 마시었으니

간단히 인생사를 논하지 말 일이며
서투른 몸짓으로 비틀거리지 말아야 한다

세상에 남겨질 우리의 남은 날이
비록 고달픔과 서러움의 연속일지라도

아쉬움에 뒤돌아보며 후회하지 말고
스스로 앞날을 향해 걸어가야 하리라

내일은 또다시 내일의 태양이 뜬다고
어느 소설속의 주인공이 말하지 않았던가

잠 못 이루는 밤에

그래, 오늘 밤은 조용히 잠들자
별의 노래도 달의 노래도
내 눈꺼풀에 매달려 잠들게 하자

눈부시던 세월은 흘러갔어도
아득하게 남은 것들을 그리워하며
나, 예전의 꿈속으로 빠져들리니…

아이야, 티브이도 끄고, 컴퓨터도 끄고
아예 전원조차 내리려느냐
저, 시곗바늘도 제발 멈추게 하여라

세상의 모든 근심걱정일랑
자면서 모두 까맣게 잊으리라
내일을 위해 오늘을 마무리하자

잠시 시간을 헛되이 보내다

어둠이 안개 속을 헤매일 때 시간이 시계를 부수고 나와 내 발밑에 넓죽 엎드려 있다. 나는 내 그림자에서 빠져나와 길게 하품하며 졸고 있는데, 먼 길을 쉬지 않고 달려온 바람이 어느 집 대문을 쿵쾅거리며 열고 굵은 빗방울을 흩뿌리고 지나가고 있다. 죽은 시간들이 길게 줄을 잇고, 내가 나의 존재를 잊을 때쯤 작은 날개를 퍼득이며 텃새가 울고 있다. 텃새의 울음은 현재 진행형이다. 밀려오던 내 잠이 달아나고 시간이 다시 시계 속으로 뚜벅뚜벅 걸어 들어가는데 나는 잠에서 깨어나 무엇을 할까.

나는 이 글에서 '넓죽'이란 단어를 썼는데 나름대로 '넙죽'이라는 말보다 넓은 의미의 '넓죽'을 쓰기로 했다. 왜냐하면 넓죽 엎드리는 것이 시계가 아니라 시간이기 때문이다.

손톱을 깎으며

손톱을 깎는다는 건
신체의 일부를 떼어내는 일
그런데도 아프지 않다
길면 불편하니 자를 수밖에

나는 손톱을 깎거나
머리카락을 자를 때 가끔
뱀의 허물을 생각한다
이를테면 다시 태어나고 싶은 게다

지금껏 살아온 내 과거가
부끄럽거나 후회스러울 때
나는 뱀처럼 허물을 벗고
눈부시게 다시 태어나고 싶다

시인의 절대고독

나는 시인이지만
시 쓰는 일하고 밥 먹는 일하고는
절대 바꿀 수는 없소이다

그건 왜냐하면
시를 쓰지 않고는 살 수 있지만
밥을 먹지 않고는 살 수 없기 때문이오

나는 일해야 하고
그 대가로 밥을 먹지만
시는 내게 밥을 주지 않더이다

하지만 시인인 나는
밥을 먹고는 느끼지 못한 것을
시를 쓰고는 느낄 수 있더이다

나는 끝내 시를 써야하고
그래야 내 안의 들썩이는 충동을
비로소 잠재울 수 있음이니…

보도되지 않은 송옥임 절필사건

바람이 불던 날도 비 오던 날도
시인은 아무런 생각도 하지 않았다

이제 시인은 시를 쓰지 않는다
마땅한 시어가 떠오르지 않는다

예전에 죽은 유명시인들이
이미 다 써버린 시어들…

소월님의 '진달래꽃'이 부럽고
만해님의 '님의 침묵'이 부러울 따름이다

죽어서 파랑새가 되겠다던
'보리피리'의 시인 한하운님도 부럽다

내가 쓴 시어들이 세월이 흘러
부끄러운 언어가 될 줄 몰랐었다

보도되지 않은 송옥임 절필사건…
훗날 누가 나를 기억이나 할까

어진[2]이가 사준 국어사전에는

어진이가 사준 국어사전에는
온갖 세상사가 송두리째 들어있다

우주만물이 있고 물과 공기도 있고
우리의 생과 사도 있고 영혼과 육체도 있다

희로애락이 있고 생로병사가 있고
남녀노소가 있고 음식과 술도 있다

먹고 마시고 취하여 세상이 가물거리도록
어진이가 사준 국어사전 속으로 빨려 들어가

나를 잊어도 좋을 만큼 노닐다가
꼭, 행복한 사람이 되어 돌아오리라

---

2) '문학공원 동인' 회원의 이름

너

언제나 밝은 얼굴로 다가오는 너
그 빛의 밝기가 어쩌면
내 어둠의 부피를 줄여주기도 하지
그리고 확실한 말과 행동
그건 어쩌면 오랜 시간 동안
내가 꿈꾸고 기다려온 이상향이랄까
꾸러기 같은 행동 속에서도
진실을 느끼게 하고
진지함 속에도 장난기를 가진 너!
널 생각하면 저절로 웃음이 나와
내 지난날의 어둠의 무게가 빠져나간 듯하지
하지만 네 앞에서
나의 초라함이라든가
열등감 같은 것에
얽매이지 않을 만큼
내게 대단한 배짱이 있을 거라고는 생각하지 마
나도 때론 눈물 흘리는
가녀린 마음 지닌 연약한 여자니까

비록 지금은

나, 비록 지금은
많은 걸 기억할 수 있지만
내 기억력이 생명을 다해
아무것도 기억하지 못하는
차라리 그런 날이 와 준다면
그 순간 내게서 고통은 사라지리…

나, 비록 지금은
많은 걸 사랑할 수 있지만
내 사랑함이 생명을 다해
아무것도 사랑하지 못하는
차라리 그런 날이 와 준다면
영원토록 내게서 괴로움은 사라지리…

나, 비록 지금은
많은 걸 미워할 수 있지만
내 미워함이 생명을 다해
아무것도 미워하지 못하는
차라리 그런 날이 와 준다면
죽는 날까지 난 슬퍼하지 않으리

바람

매일 바람이 불었습니다
시도 때도 없이
사나운 바람이 불곤 했습니다

산다는 것에 회의를 느끼며
혼자서 아침식사를 할 때도
바람이 창문을 심하게 흔들었습니다

지나간 수많은 시간들이
나를 변하게 했음에도
가버린 날들이 다시 그리워집니다

내 마음속에도 바람이 붑니다
돌아가지 못할 어느 순간이
그리워 못내 그리워 바람이 입니다

바람 부는 계절의 길모퉁이에
끝없이 버티고 서서
내 가슴에 이는 바람을 재우렵니다

거짓과 진실

우리들 마음속엔 거짓의 강이 흐르고
우리들 가슴속엔 진실의 강이 흐른다

불태워도 재가 되지 못할 가슴으로
누군가 사랑하려 했음이 잘못인 것을

우리들 가슴은 거짓을 묻으려 하고
마음으로는 진실을 말하려 하나니

우리의 남은 인생이 헛되지 않게
가슴으로 뜨겁게 누군가 사랑해야 하리라

마음은 속으로 거짓을 이기려 하고
가슴은 진실을 지키려 하지만

끝없는 이기심은 우리를 힘들게 하고
겉도는 진실은 우리의 마음을 어지럽힌다

분명한 것은 마음속의 거짓과
가슴속의 진실이 서로 엇갈린다는 것…

우리들 마음속엔 거짓의 강이 흐르고
우리들 가슴속엔 진실의 강이 흐른다

가슴에 이는 바람

그는 언제나 내게
뜨거운 가슴이기를 원했습니다

내 가슴엔 윙윙 찬바람이 이는데
뜨거운 가슴이기만을 원했습니다

가슴속에서 이는 바람은
좀체로 잦아들지 않았습니다

시작이 어디인지 끝이 있는지
나는 스스로 판단이 서지 않습니다

무엇을 찾아 나는 헤매는지
그 까닭마저도 알 수가 없습니다

세월이 흐르고 인생도 늙어
이 세상 떠날 그날이 온다 하여도

내 가슴에 이는 바람은
잦아들지 않을 것만 같습니다

오늘도 그는 내게
뜨거운 가슴이기를 원하지만

내 가슴엔 지금 이 순간에도
윙윙 찬바람이 불고 있습니다

나의 생각

나는 잠시 전 무슨 생각을 했던 것일까

아무리 생각해도 생각이 나지 않는다
내가 바로 잠시 전에 했던 생각이

무슨 일일까 무슨 일이 있었을까
눈앞에 보이는 모든 사물을 살펴보며 고민해본다

아무리 생각해도 아무런 행동도 취하지 않고
내가 몇 시간을 보냈을 리는 없을 터이다

딸이 무엇을 먹겠다고 숟가락을 달라고 했는데
손이 지저분하니 씻고 준다고 해놓고

손을 씻는 사이에 다 잊어먹고
난 다른 행동을 하고 있었다

도대체 무슨 생각으로 내가 움직이고
바동대며 살아가고 있는지 알 수가 없다

휴대폰을 들고 나간다고 생각하고선
TV리모컨을 들고 정신없이 길을 나서기도 했다

새삼 무슨 큰 일 났다고 떠들지 말 지어다
박하사탕인줄 알고 먹은 나프탈렌을 잊었느냐

내 스스로 내게 지난날을 물어본다
그토록 나프탈렌 냄새를 싫어하는 까닭을 생각해야 한다

애마를 보내며

긴 세월을 함께했던 나의 애마여!
널 처음 만났을 때를 생각해보며
널 보내려는 마음의 준비를 하자니
너무 슬프고 가슴이 아파
어찌하여 이런 날이 오고야 말았는지
되돌릴 수 없는 너와 내 운명 앞에
울면서 소리쳐도 소용없으리
너는 떠나야 하고 나는 남아야 하리
내 가족보다도 더 오랜 시간을
슬프거나 기쁘거나 함께했던 나의 애마여!

빗길에서 미끄러져 노란선을 넘어
반대편 차선에서 차가 오지 않았기에
아찔한 순간을 면하기도 했었다
두터운 빙판길을 조심스레 간적도
함박눈이 쏟아지는 길을 비틀거리다
집으로 오는 도중 널 세워두었던 일도
아이들을 태우고 그 무시무시한 낭떠러지로
빙판에서 미끄러져 아슬아슬하게
난간에 간신히 멈춰 섰던 일이며
졸음에 겨워 비틀거리며 모퉁이를 돌았고
졸음에 비틀거리는 차를 뒤쫓아가다

부딪칠 뻔했던 그 순간에도 너와 난 함께였다

내 그리운 사람들을 만나는 날이나
내 무거운 짐을 함께 날라다 준
무지하게 정들었던 나의 애마여
오직 나 한사람의 애마로
세상에 태어나 마지막 날까지…
장장 십년하고도 이년의 세월을 견디어온
아아, 그토록 사랑했던 나의 애마여
이제 너를 보낸다
이제 너를 쉬게 하리라

* 12년 동안 나의 손과 발이 되어주며 정들었던 차를 보내며

윤석연 선생님께

오만과 편견이 없는
좀 더 밝은 세상을 열어주시려
애쓰셨던 윤석연 선생님…

우리들의 귀를 밝히시고
어두웠던 눈을 다소나마 밝혀주신 은혜
평생을 두고 잊지 않겠습니다

비록 짧은 인연이었지만
당신을 스승으로 허락하신 신께
진심으로 감사하며 이글을 씁니다

A B C를 익히려고
혼자 애쓴 적도 있지만
선생님을 통해 얻은 소중한 선물…

그것은 차마 잊을 수 없는
우리의 인생을 좀 더 알차게 가꾸어갈
남은 인생의 고귀한 밑거름이 될 것입니다

3부

내 고향 문막동

문경장 모퉁이에서

금강산보다도 설악산보다도
더 멋지고 아름다운 주흘산이
너그러이 내려다보는 문경읍내엔
지금도 닷새에 한 번 장이 섭니다

채소전 모퉁이에서 만나자시던
우리 어머니는 하늘나라 가셨는데
지금도 가끔 그곳에 가면
채소전 모퉁이를 돌고 돕니다

어머니 그림자라도 찾아보려고
문경장을 헤매며 떠돌다가
그만, 옛 추억을 한 움큼 주워들고
자꾸 뒤돌아보며 발길을 돌립니다

자유에 갇히다

너무 자유로워서
자유롭지 못하다
종잡을 수가 없다
적당히 바쁘고
적당히 한가로워야
매사를 구별할 수 있을 것 같다
아득하고 먼 곳에
내 마음이 있어
나는 자꾸 비틀거린다
일상에 주어진 시간들을
쪼개고 다듬어
찬란한 조각품을 만들고 싶다
헛된 생각들을 날려보내고
나, 가벼워지리라
너무 자유로워서
자유롭지 못하지만
나, 더 가벼워지리라
자유롭다고 해서
행복한 건 아니다
때론 고통 속에서
행복을 찾을 수 있지 않을까?

찬란한 봄을 위하여

필요 없는 세월을 흘려보내기 위해
저 대지를 걷노라, 목적지 없이…

마침내 다다를 어느 세상 길모퉁이에
아픈 내 발자국을 남길 것인가

온갖 필요치 않은 생각들로 꽉찬
내 가슴속 못 다 풀어놓은 이야기들…

내 이야기 들어줄 누가 없을까
천지사방을 둘러보아도 바람만 스칠 뿐…

이제 그 누구도 미워하는 마음은 갖지 않으리
기억이 희미해져 세상을 구별하지 못하는 날까지…

온갖 실속 없는 생각들이 내게 들어와
작은 가슴속을 채우고도 흐르고 넘쳐

차마 말로는 다할 수가 없을 만큼
생각의 늪에서 빠져나가려 발버둥치며

필요 없는 이 순간들을 흘려보내기 위해
바람 부는 벌판을 아무 목적 없이 혼자 걷는다

세월이여 흘러라! 나는 보내리…
마침내 오고야 말 그 찬란한 봄을 위하여!

나방을 꿈꾸며

뽕잎을 먹고 살면
누에가 될까

솔잎을 먹고 살면
송충이가 될까

그러면 언젠가
나방이 될 텐데

그리하여 어디론가
훨훨 날 수 있을 텐데

때로는 누에처럼
혹은 송충이처럼

먹고 잠자며
나방을 꿈꾸리라

고이 접은 날개를
머지않아 다시 펴리라

노랑나비의 추억

날고 싶었어
아주 멀리멀리 날고 싶었어
내 꿈과 희망을 찾아
끝없이 날고 싶었지
왜냐하면 난 날개를 가졌으니까…
그런데, 그런데 말이야
내가 좋아하는 꽃은
세상 어디에도 없었어
물론 맛난 꿀도 찾을 수 없었지
그러다 난 지쳐버렸어
날개에 점점 힘이 빠져
더 이상 날 수 없을지도 몰라
이제 안식처를 찾아야 겠어
생이 다하는 마지막 날까지
후회 없는 길을 가고 싶어
그러면 더 이상
날지 않아도 될 테니까…

마흔여섯 살의 여름

이제 내 마흔 여섯 살의 여름이 왔다
덧없이 가버린 그래서 슬픈 날들
정녕 내가 머무르고 싶지 않았던 순간들
팔딱이면 다시 깨어날 수 있을 것만 같은
아니, 그러길 기원하며 살아온 날들
한없이 비틀거렸지만
내게 있어 두 아이는 지팡이였고
튼튼한 버팀목이기도 했다
때론 내 희망이었고 위안이었다
특별히 잘해 준 것도 없고
좋은 엄마노릇도 못했지만
난 내 흔들림의 무게만큼
엄마로서 최선 다하고 싶었다
내 신체적 부자연스러움으로 하여
더더욱 뭔가 해줄 수 없는 엄마였지만
내 삶의 무게나 부피보다
아이들의 무게와 부피를 더 많이 생각했고
건강하고 착하게 자라주길 기원했다
내 인생이 그들 때문에
불행하다고 느낀 적은 없다
운명이려니, 내가 타고난 팔자려니 하면서도

난 이유 없이 흔들리며 슬퍼하며
마흔하고도 여섯 해를 더 살았다
이제 머지않아 내 마흔여섯의 가을이 오고
가슴으로부터 찬바람이 불어오리라
그리고 다시 겨울이 오면
기억의 저편에 묻어두었던
추억의 고리들을 하나하나 풀어
다가올 미래와 내 인생에 대해
무엇인가 다시 생각해 내지 않으면
나는 아마도 진창 같은 내 삶의 굴레에서
영영 벗어나지 못하고
영광과 환희, 그 모든 것들로부터
미처 다가가지도 못 한 채 멀어지고 말리라
내 마흔여섯 살의 여름이여!
조용히 제발 조용히 지나가거라

2006년 장마

장맛비야 제철을 만나
제구실을 한다지만
그 오는 양이 너무 지나쳐
흐르고 넘쳐서
휩쓸리고 무너지고
온통 난리가 났다

집을 잃은 사람
가족을 잃은 사람
가축과 차와 모든 것을
흙탕물 속으로 떠내려 보내고
멍하니 하늘을 쳐다보는 사람…

산이 무너지고
다리가 무너지고
길이 끊어져버린
막막한 현실 앞에
전기가 끊기고 먹을 물마저 없는
다시 일어설 힘조차 없는
늙거나 병든 이재민들…

하늘도 무심하여
땅을 치고 소리쳐도
눈앞의 현실은 막막할 뿐…

* 2006년 여름, 장마 피해를 보며

바람 속에서

나는 이제
바람 부는 곳을 향해 가리라
폭풍이 요란한 밤도
눈보라 치는 날도
가서 견디리라
온몸으로 견뎌 내리라

날선 바람이
때론 내 심장을 스쳐도
내 머릿속을
온통 뒤흔들어 놓더라도
바람 부는 벌판을
홀연히 걸어가리라

그리하여
내 인생의 가장 막다른 곳
그곳에 도착하여도
나는 놀라지 않고 침착하게
지나온 길 뒤돌아
손 흔들어 안녕을 고하리라

비바람 불면

창밖에 비바람 불면
잃어버린 시간들을 어디 가서 찾을까
세월을 먹고사는 시간 속에
세월은 가고 추억도 간다
때로 잃어버린 것은
잊은 채로 살려하지만
난 무얼 위해 몸부림치는 것일까

창밖에 비바람 불면
잃어버린 세월들을 어디 가서 찾을까
어느 꽃피던 봄날도
짙푸른 초록의 무덥던 여름날도
찬 서리 낙엽의 추억들도
모두 잊고 살고 싶지만
난 왜 끝내 못 잊어 애태우는 것일까

외로운 영혼에게
- 하늘재 위령제에 부쳐

험상궂은 포암산을 휘돌아
반만년 역사의 소용돌이에
휘말리고 희생되어
장구한 세월 하늘재에서
구천을 맴도는
무주 유주 외로운 영혼이시여!

여기 큰 뜻을 모아
위령제를 올리나니
징소리 북소리 들으시고
어둠 속에서 깨어나시어
굽어보시고 어여삐 여기시어

맑아지이다 맑아지이다
맑아지고 맑아져서
가벼워지이다 가벼워지이다
가벼워지고 가벼워져서
없어지이다 없어지이다

극락왕생 하사이다
극락왕생 하사이다

별

검은 밤 어둔 허공에서
반짝이는 별이여
당신은 밤마다 찾아오는
위대한 손님인지요
어둔 허공과 넓은 바다를 타고
넘실대는 반짝임이여!
고독은 허공에서 숨쉬고
어둠을 헤뜨리는데
섣불리 한 잘못으로 고달픈 영혼이여
아아, 멀건이 사라져가는
깊어가는 밤의 고독이여
밤이 가고 날이 가면
흩어질 지난날의 허무여
태양이 뜨는 내일이 있어
밤이 더 아름다운가

내 고향 문막동

내 고향 문막동
돌아앉은 포암산

하늘재 바라보며
꾸었던 어린 날 꿈을

대미산 바라보며
키우고 또 키웠건만

암만 세월 흘러도
이루지 못할 꿈이련가

강산이 변하고
또 변하여 갔지만

포암산은 여전히
돌아앉아 침묵하네

내 고향 문막동에
돌아오라 옛 친구여!

뛰놀던 옛동산에
다시 한 번 모여보자

점 하나 차이

벌어먹고 살다와
빌어먹고 살다를 생각하다가
재미난 걸 발견했다
벌어먹고 사는 것과
빌어먹고 사는 데는
엄청난 차이가 있을 법한데
이제야 새삼 깨달았다
님이라는 글자에
점 하나를 찍으면
도로 남이 된다는 유행가 가사가
그리도 절실하게 느껴지더니
벌이라는 글자에서
점 하나를 빼고 나니
빌 자가 된다는 사실에 웃음이 난다
벌어먹고 살기도
빌어먹고 살기도
힘들고 힘든 세상이지만
그게 겨우 점 하나 차이라니…

심호흡 크게 하고 웃으며 살 일이다
맡은 바 열심히 노력하며 살 일이다

마흔아홉의 가을

바쁘게 떠밀리어 온 시간들
나는 그 속에서 무엇인가
잃어버린 것을 되찾고 싶다

지나간 날들이 물비늘처럼
가슴속에서 둥둥 떠도는데
가을은 자꾸만 깊어가고 있다

키 큰 나무는 재빠른 몸짓으로
아무런 무게의 느낌도 없이
뚝뚝 소리 없이 낙엽을 떨군다

꿈꾸어야 할 그 무엇이
나에게로부터 비집고 나와
이토록 나를 설레게 하는 걸까

부시도록 아름다운 저녁노을에
그림자 드리워 나를 맡기고
내 마흔아홉의 가을을 느껴보리라

변자[3]의 가을

세상에 존재하는 모든 꽃들을
그토록 사랑했던 그 여인이
모든 꽃들을 오묘하게 다스리던 그 여인이
지금 어디론가 떠나려 하고 있다

쎄라토[4]를 타고 바람 부는 거리를 지나
낙엽이 쌓인 산골짜기로, 혹은
세찬 파도가 출렁이는 겨울바다를 향해
지금 그녀는 떠날 준비를 하고 있다

진정 혼자만의 가을을 꾀하려고
지친 몸과 마음의 휴식을 위해 떠난다면
차마 잡지 못하고 보내야 하리
또 다른 만남을 기대하고 고대하며…

---

3) 변자 : 화훼단지에서 같이 일하던 여인의 이름으로 꽃꽂이를 아주 잘해 부러움을 샀다.
4) 쎄라토 : 변자 씨의 차종.

가을 나그네에게

해 저문 들녘에 황혼의 들국화여
향기로운 이야기 바람으로 엮어내어

바람 부는 벌판을 홀로 거니는
고독한 나그네의 아픔을 달래주렴

문명이 나그네를 위로할 수 없기에
때론 자연을 의지하며 살아야겠지

고독한 인생의 가장 밑바닥
스스로 짓밟힌 젊은 날의 꿈들도

가을바람 들국화의 향기에 취해
나그네여! 모두 잊고 앞을 향해 달려가라

하여, 훗날 아름다운 추억으로
오늘을 다시 기억할 수 있기를…

오동꽃 지는 소리에…

꽃이야 피든 말든
내가 쳐다보지 않은 허공에서
둔탁한 소리로 연보라색 꽃이 진다

오동꽃 떨어지는 소리
이름 모를 새소리 꽃향기
돌아서서 너에게 안녕을 고한다

바람은 또 다시 불어
안타까이 꽃이야 지든 말든
오동나무가지를 흔들고 지나간다

잠시 머무는 가을

담쟁이넝쿨의 붉은 손이
지나는 가을을 꽉 붙잡고 있다

놓치지 말아야할 그 무엇이 있기에
저토록 부여잡고 애원하는 걸까

바람의 걸음으로 겨울이 오는데
흔들리며 흔들리며 안녕을 고하고

지나간 푸르던 시절을 생각하며
조용히 생을 마감할 것인가

그토록 붉은 빛으로 빛나는 오늘
아쉬움에 서러워하지 말기를…

담쟁이넝쿨의 붉은 손에
지나던 가을이 잠시 붙들려 있다

파도의 추억

그 옛날 이 바다엔 광란의 바람이 불고
거기 외로운 작은 섬이 있었다
섬의 작고 초라한 등대엔 불이 밝혀 있었고
그 밑엔 어여쁜 한 소녀가 흐느끼고 있었다
소녀는 멍하니 나를 바라보고는
내 거센 물결을 따라 먼 곳으로
아주 먼 곳으로 가버리고 싶은 그런 눈치였다
그리하여 나는 어여쁜 소녀에게
작은 나뭇잎 배를 만들어주었다
소녀는 오랫동안
그 나뭇잎 배를 가지고 놀다 어디론가 사라졌다
난 이내 그곳을 떠났기 때문에
지금은 소녀의 자취를 모른다
소녀는 이제 어딘가에서
평범한 여인으로 늙어가겠지
파도처럼 세월은 지나가고
바닷가 모래밭엔 아무런 흔적도 남지 않았다

가을날의 회상

국화향기 감도는 가을 문턱에
지난날의 앳된 미소가 되살아납니다
아직 살아갈 날이 많다고 한
그 한 마디가 신선한 충격이었습니다
다시 한 번 날개를 펴고
먼 허공을 향해 날고 싶습니다
내가 꿈꾼 모든 것들이 다시금
내 가슴속에서 날갯짓하고 있습니다
맑은 하늘과 눈부신 태양, 그리고
꿈꾸는 대지 위에 나는 다시 서 있겠습니다
그대는 밝은 빛으로
점점 더 밝은 빛으로 다가오고 있습니다
잠자던 내 꿈과 모든 것
흔들어 깨운 당신은 누구십니까
바람이 부는 날도 눈 오는 날도
생각만 하여도 따스해질 것 같습니다
이제 난 서러운 생각이나
괴로운 생각은 하지 않겠습니다
다시금 밝은 꿈을 꾸어야 할 이 가슴을
슬프고 괴로운 생각 따위로
어둡고 칙칙하게 채울 수는 없습니다

바람이 불어오건 눈비가 내리건
새로운 꿈으로 연결하여
보다 변화하는 내 모습을
당신께 보여드리겠습니다

노을 진 강을 보며

반짝이는 눈물처럼 아름답던 사람아
그 모진 세월의 뒤안길에
어찌하여 흔적 하나 안남기고
그토록 멀어져 갔더란 말이냐

뒤돌아서서 내게 말했더라면
그 가슴의 상처를 조금이나마
내가 위로할 수도 있었으련만…
그대여! 세월의 깊이가 너무 아프다

부디 나로 인하여 생긴 상처를
지금도 가슴속에 간직하고 있다면
이제 저 노을 진 붉은 강물에
말끔히 씻어 흘려보내려무나

시작을 알 수 없는 강물은
가슴 밑바닥까지 흐르고 흘러
상처의 무게와 부피까지 덜어내고
마침내 고요하고 잠잠해지리니…

때때옷의 허수는 보이지 않고

가을이 저무는 들녘에
바지저고리 입은 허수아비와
치마저고리 입은 허수어미가
저만치 마주보고 서 있다

때때옷의 허수는 보이지 않고
허수아비는 허수어미를 바라보고 서서
참새를 쫓는지 세월을 쫓는지
바람에 모습만 나부낀다

차림새하곤 어울리지 않는
때가 덕지덕지 묻은 모자는
바람에 날려갈 듯 위태롭고
참새 떼는 허수네 주위를 맴도는데…

빈 들판에 허수는 없고
가을은 저물고 벼 포기도 잘리고
참새마저 먹이 찾아 날아가고 나면
허수아비 허수어민 무엇을 할꼬…

낙엽

발밑에 떨어져 뒹구는
이름 모를 낙엽이여!
바람이 너를 몰고 내게 온 이유를
자연의 섭리였다고 말하지 마라
우연의 일치였다고도 말하지 마라

너는 태어나서 부터
바람의 일깨움으로
수없이 고뇌하며 흔들리며
긴 세월 말없이 견디어 왔으리라
마침내 낙엽이 되리란 건 알고 있었을까

그 겨울의 바람

마른 나뭇가지에 걸려있던
차디찬 그 겨울은
바람 속에서 소리 내어 울었다
윙윙 소리 내어 흐느끼었다

하얀 눈 위에 내려앉았던
잊지 못할 그 겨울은
눈보라 속에서도 울었다
윙윙 소리 내어 흐느껴 울었다

마침내 오고야 말
그 찬란한 봄을 맞이하기 위해
바람은 소리 내어 울고
나는 기다림에 겨워 떨고 있었다

아주 오래된 겨울이야기

고요한 마을에 눈이 내리면
작은 소녀의 마음은 답답하기만 했다

아이들이 아무리 떠들고 소리쳐도
모든 소리는 눈 속에 가라앉아 고요하였다

먼 산도 동구 밖 오솔길도 초가지붕도
모두모두 하얗게 잠들어 있었다

아득한 먼 하늘을 우러러
상상의 나래를 펼쳐 보아도

어리디 어린 소녀의 가슴에 와 닿는 건
무엇인가 한없는 그리움과 설레임…

눈이 내려 길이 막히면
엿장수의 가위소리도 들리지 않았다

작은 마을은 무척이나 오랫동안
고요와 적막에 쌓여 잠들어있는 듯했다

4부

불탄 집터를 보며

엄마의 소원

거울속의 내 얼굴에서
어머니의 눈빛을 느꼈다
흔들리지 않는 눈빛
자식을 사랑하시던 그 눈빛
다소 근엄한 얼굴이다
나도 이제 딸들에게
세상에 안 태어난 셈치고
숙연히 살라고 말해야 하나
마침내 때가 온 건가
자식의 앞날에 좋은 일만 있기를
맡은 바 자신의 일에 충실하기를
세상 밖으로 나아가
언제나 당당하게 살아주기를
바라고 바라는 엄마의 마음을
딸들은 조금이나마 알고 있을까

소중한 내 인생

나는 예전이나 지금이나 앞으로도
유명인사가 되는 걸 결코 원치 않는다
만약 내가 유명인사가 되면
감추어졌던 내 사생활의 모든 것이
낱낱이 파헤쳐질 것이며
나는 결국 자유롭지 못할 테니까

나는 죽었다가 다시 태어난다 해도
절대 유명인사가 되는 걸 원치 않는다
내가 유명인사가 될 리는 없겠지만
모든 것이 뜻대로 되지 않는다 해도
나는 언제까지나 조용히
자유로운 내 인생을 살고 싶을 뿐이다

내가 나에게

너에게 그 길은 예정된 길이었어
너를 향해 펼쳐진 그 어떤 길도
힘들고 힘든 고난의 길이었지
너는 자꾸 비틀거렸지만
아무리 힘들어도 주저앉지는 않았어
꿈꾸고 절망하기를 수없이 번복하면서도
아이들의 앞날을 위해 노력하고 애써왔지
단 한 번도 풍족한 생활은 하지 못했지만
부끄러워하거나 비굴해지지도 않았어, 인정 해
앞으로도 수많은 날들이 너를 힘들게 해도
굳건히 버텨 주리라 믿어 의심치 않아
숱한 비바람도 견디고 견뎌
마침내 깊고 깊은 바다를 이루어야 해

때론 높고 높은 산이었다가
꿈꾸는 바람으로 세상을 휘돌아
너의 인생이 아주 끝날 즈음엔
온몸으로 번져오는 고통에 서러워 말고
조용히 지나온 길을 뒤돌아보며
웃는 얼굴로 손을 흔들어
세상의 모든 이들과 작별을 고해야 해
그래도 세상은 아름다운 거야

무서운 일상

예전 같으면 전화번호 수십 개를
잘도 외우곤 했는데
지금 그 누구의 전화번호도
잘 기억이 나지 않는다
점점 바보가 되어가는 이 느낌은
무엇을 의미하는가
휴대폰 전화번호부의 전화번호를
수첩에다 빼곡히 적어
자꾸 외우며 살아야 하리
이러다간 어느 날 갑자기
나는 갈 곳을 잃고
내 형제와 내 자식에게도
전화조차 할 수 없는 지경에 이르고 말리라
어느 날 갑자기 모든 것이 파괴된다면

어떻게 살아야 하나
인터넷을 버리고 티브이도 버리고
전원을 내리고 차도 타지 않고
두 다리와 두 손으로 모든 걸 해결해야 하리라

우울한 날의 상상

내가 내 안에 갇혔다
헤어날 길이 없다
세상이 암흑이거나 빛이거나
아무런 상관이 없다
내가 갇힌 나의 세상에서
끝없이 무언가를 찾고 싶지만
나는 그만 내 안에서 길을 잃었다
시작과 끝이 정해져 있지 않은
쉬고 싶지만 쉴 수조차 없는 공간…
현실 속의 나와
현실 밖의 내가 공존하는
살아서는 헤어날 수 없는 곳…
내가 그만 내 안에 갇혀버렸다

불탄 집터를 보며

그리움이 남아있는 흉물스런 집터
구시대의 유물처럼 덩그러니 외롭다
우리가 살아가는 이 세상에
차마 말 못할 서러움이 너무나 많다

그저 하찮았던 물건 하나하나가
잃고 난 뒤에 너무 아쉽고 필요해
생각하면 자꾸 설움이 밀려와
나도 모르게 눈가에 눈물 맺힌다

작은 일에 연연하던 어리석었음이
오랜 세월이 흐르고 난 뒤에
조금씩 새삼 깨달아 가지만
이제 남은 게 아무것도 없다

내 지난날이 까맣게 불타고
내 젊음이 고스란히 재가 되었다
이제 다시금 기운을 차려
내 의지의 꽃을 피워내야 한다

다리를 건너며

나는 다리를 건널 때 가장 슬프다
강을 건너기 위해 놓여진 다리
가까운 데를 가더라도 먼 곳 가는 느낌
다시 건너오지 못할 것 같은 두려움
다리 아래로 수천 년 흘러간 강물이
다시 돌아올 수 없듯이
내가 다리를 건너는 이 시간도
다시 오지는 못하리라는 걸 알면서
긴 다리를 건너야 하는 현실 앞에
촘촘히 사라져간 시간들을 헤아려 본다
이전에 나는 과연 총명했든가
이후에도 나는 총명할 수 있을까
아까운 시간들을 꿰어야 한다
다시 돌아오지 못할 날들을 꿰어
운명의 사슬에 꽁꽁 묶어두어야 한다
먼 훗날 운명의 수레바퀴를 되돌려
추억의 오늘을 기억하고 싶다
오늘을 헛되이 보내고 싶지 않기에…

시어가 떠오르지 않아

시인이라면서 난 오늘도
세상을 정화할 그 어떤 언어도
걸러내지 못하고 끙끙 앓고만 있다

장맛비는 온종일 지루하게 퍼 내리고
질펀한 길바닥엔 지렁이만 꾸물거리는데
난 지금 어디로 꾸물꾸물 납시어 볼까

우산을 펼쳐들고 목적 없이 걸으며
내 그리운 추억들을 찾아
어디론가 멀리 떠나보련다

유년의 내가 그리운 시간 속에서
찢어진 비닐우산을 쓰고
앞장서서 걸어가고 있다

장맛비는 끝없이 내리는데
난 오늘 무슨 이야기를 엮어낼까
마땅한 시어가 떠오르지 않는다

잡초

잡초는 사람들이 잡초라
이름 짓기 전에는 그저 한 포기 풀이었다

이름을 가진 여러 풀들이 어우러져
고귀한 생명으로 한세상 살려 했건만

잡초는 사람들이 기르는
관목과 곡식들에 해를 끼친다 하여

사람들은 몹쓸 잡초라고
사정 보지 않고 무참히 뽑아버린다

잡초는 적당한 수분과 적당한 경쟁심으로
그들과 함께 살려 했건만

사람들은 잡초가 한 일을 털끝만치도 모르면서
그저 잡초라 한다

하루를 보내며

오늘도 하루가 지나가 버렸다
길다면 길고 짧다면 짧은 하루가 지나갔다
어쩌면 추억의 뒷장에 남아
먼 훗날 오늘을 다시 기억할 수 있으리라
아니, 어쩌면 영영 잊혀질 수도 있으리라
무심코 보낸 오늘 하루에
어떤 의미를 부여하고 싶지는 않다
조용한 일상으로
기억의 저편에 묻어두자
하루하루 모든 시간에 얽매이다 보면
앞으로 나아갈 발걸음이
어쩌면 부자연스러워
나도 모르게 비틀거리게 될지도 모른다

내일을 위해

이제 가슴 한켠에
재가 될 그 무엇도
남기지 말자

사람이 뭔가를 가졌다는 건
누군가에게
나눠줄 수 있음이로다

세상이 나를 필요로 할 때
어김없이 달려가
그 무엇이 되어 주리라

행복이 멀리 있다 하여도
그로 인해
목말라 하지 않으리라

인생이, 그래도 아름다운 건
보다 나은 내일을
꿈꾸기 때문이다

나이

사람들이 먹는다기에
나도 먹었어
그걸 한 살이라고 하데

누구나 공평하게
나누어 먹었어
그것에 관한한 아주 공평하지

세상의 어떤 공식도
어떤 문제도
그보다 더 공평할 순 없어

그건 먹으면 먹을수록
현명해지지만
우리의 몸은 점점 늙어가지

그렇지만 뭐 어때
조금씩 변화하는 것도
우리 삶의 과정(過程)인 것을…

내 마음을 찾아서

내 마음과 내가 숨바꼭질을 한다 마음은 가슴에 숨었을까 머릿속에 숨었을까 꺼낼 수도 없으려니와 되짚어 볼 수도 없다 눈 속에 있나 아니면 입속에 있나 코나 귓속에 숨었나 무엇이 옳고 그르다는 것을 판단할 수 있는 내가 내 마음을 찾지 못해 종종 헤매다니… 어느 구석 어느 갈피에 숨어 내 마음은 모습조차 보이지 않는 걸까 그림자라도 볼 수 있다면 우리가 살아가는 이 세상이 좀 더 자유로울 수 있을 터인데 자연에 순응하지 못하는 마음은 항상 어딘가에 숨어 있다

다시 태어나고 싶은 나

뽀얗고 자그마한
배냇저고리를 입고
갓난아기 울음을 울고 싶다

기나긴 목마름으로
아프게 지속되어온
내 젊은 날은 갔지만…

세상과 견주어 볼
그 무엇이 아직 남았기에
끝없이 목이 마른 것일까

어지러운 이 세상…
그래도 미련이 있어
난 다시 태어나고 싶은 게다

찔레꽃 연가

우리 먼 훗날 다시 만나면
병들고 때 묻지 않은
깨끗한 영혼 되어 다시 만나면

예전에 다 못한 얘기…
그대 가슴에 묻어둔 그 말들을
들려줄 수 있기를 기원합니다

운명의 사슬에 묶여 있지만
연결핀은 고리를 떠나
아주 머나먼 길을 헤매이면서

뒤돌아보아도 보이지 않는
바라보아도 볼 수 없는
우리는 영영 타인이었습니다

기나긴 침묵의 시간이 흐르고
우리의 남은 인생이 다하여
마지막 가야 할 그길 옆에 비껴 서서

내가 만약 먼저 그곳에 도착하면

하얀꽃 한아름 안고 서서
조용히 그대를 기다리겠습니다

먼 길을 돌아서 오는 여유

아이야! 집에 오려거든
너무 서둘러서 오지는 마라

때로는 지름길을 두고
먼 길을 돌아서 오는 여유를 가지렴

모든 일에 너무 서두르지 말고
아주 조금만 여유를 가져 보자꾸나

서둘러 왔다 서둘러 돌아가는
너의 뒷모습이 안쓰럽더구나

'바늘귀 허리매어 못쓴다'는 속담이 있듯이
서둘러 모든 일을 해결하려 들지도 마라

불어오는 바람을 느껴
지혜로운 사람들은 '바람결'이라 이르고

피는 꽃을 느껴 '꽃향기'라 이르니
아주 가끔은 자연을 느끼며 살아가자

아이야! 집에 오려거든
먼 길을 돌아서 여유롭게 오너라

오랜 방황의 끝

난 아직도 고향집 뜰 안에 갇혀
허우적거리는 몰골로 살아간다

차마 그리운 그 많은 시간들이 때로는
거울에 비친 또 하나의 세상처럼 새롭다

난 무엇을 위해 방황하였나
대체 그 무엇을 위해 비틀거리며 살아왔나

그 누구도 물론 대답하지 않는다
내 자신에게 스스로 할 변명조차 떠오르지 않는다

돌아갈 곳도, 돌아갈 수도 없는
내 마음속 깊은 곳의 텅 빈 그 자리…

채워도 채워지지 않는 목마름으로
궂은 세월 살았노라 누구에게 말해야 하나

낡디낡은 시어들을 옭아매어
내 고향집 처마 밑에 단단히 묶어두리라

그리고 이제 홀가분한 마음으로
새로운 세상을 향해 힘껏 달려가리라

누구시길래

오늘도 오셨군요
그리로 앉으세요
자리가 불편하겠지만 어서 앉으세요
아무런 말씀하지 마세요
말하지 않아도 우린 모든 것 알 수 있죠
그러면서도 항상 순수함으로
제게 다가와 주셨어요
오랜 동안 못 잊을 사람으로 남아주세요
제게 장미는 필요 없어요
어여쁜 꽃 한 송이도
사랑할 수 없는 차가운 가슴이지만
함께 나눌 얘깃거린 늘 조금씩 갖고 오세요
새로운 뉴스거리라든지
혹은 세상의 잡다한 이야기라도
많고 많은 사람 중에
그대는 제게 어떤 의미로 다가와
지금 이 자리에
그리도 평온한 자세로 앉으셨나요
누구시길래
아무런 말씀하지 마세요
다만 오래오래
못 잊을 사람으로 남아주세요

수수께끼의 답은 '사랑'

어리석다고 생각하는 사람들에게
내가 수수께끼 하나 내 볼게요

냄새도 없는 것이 부피도 없는 것이
색깔 또한 없는 것이 사람 속을 태우지요

무게도 없는 것이 때깔도 없는 것이
맛도 없고 멋도 없고 인정사정 없는 것이

때론 눈물 나게 하고 때론 기쁘게도 하고
사람들을 제멋대로 갈팡질팡하게 해요

눈을 뜨고 볼 순 없지만 눈감고도 느낄 수 있고
맛이 아닌 느낌으로 쓰고 달기도 합니다

때론 우리들 가슴을 따뜻하게도 하고
때론 얼음덩이처럼 차갑게도 한답니다

불꽃처럼 찬란하게 살아야 할 운명이지만
스러져 재가 되어도 하는 수 없지요

그게 무언지 아는 사람 있으면
손들고 일어나 자신 있게 얘기해 보세요

기도

눈뜨면 삶이요 눈감으면 죽음이
시시때때로 번복되는
무섭고 두려운 시간들이
내 어머니를 얼마나 짓누르는 것일까
삶과 죽음의 경계를 무너뜨린
모든 걸 초월한 듯한 얼굴로
순진무구한 아기 같은 눈망울로
내 어머닌 지금 무슨 생각하실까
배 아파 낳은 자식 일곱을
붙잡아두지 못하는 현실이
얼마나 답답하고 가슴 아프실까
날이 새면 달려가리라 마음먹지만
밝는 날의 현실이 나를 가로막아
또 다시 내일을 기약하며
병실의 어머니를 위해 기도한다

못난 자식들 위해 버티어 온
그 날들의 단 십분의 일이라도 더
우리 곁에 살아있어 주시기를…
쉰이 넘은 이 나이에도 아직
어머니를 보낼 준비가 덜 된

이 어리석은 자식들에게
아주 조금만 더 용기와 희망을 주소서…

나를 깨워

내가 잠자고 있다
너무나 오랫동안 잠들어 있다

나를 깨워야 한다
길고 긴 잠에서 나를 깨워야 해

내가 잠자는 동안
세상이 변하고 또 바뀌었다

어디서부터 어디까지
손을 써야할 지 가늠할 수가 없다

부스스 잠깬 내 얼굴엔
아무런 표정도 그려지지 않고

물론 내 머릿속에도
아무런 생각이 떠오르지 않는다

그저 조금 쉰다는 것이
너무나 깊이 잠들었던 것 같다

나를 깨우고 일으켜
세상 밖으로 내보내야 한다

불청객

아아! 손님이 오셨군요
내가 청하지 않았으니
불청객인 거 맞죠
너무 가까이 오지 않았으면 해요
당황한 나머지
내 얼굴이 빨개졌잖아요
가슴도 두근거려요
언제인가부터 자꾸만
당신이 올 것만 같아 안절부절 했답니다
내게서 쉬이 떠나지 않을 당신…
함께할 마음은 추호도 없지만
운명이라면 받아들일 수밖에…

창밖에 귀뚜라미소리가 들리네요
고요한 내 귓전에 무척이나 오래된
아스라한 기억처럼
그렇게 아름다이 들리네요
당신이 나를 그렇게
불쑥 찾아온 걸 원망하진 않을 게요
우리 함께 저 귀뚜라미소리를 들어요
그리고 다시

새로운 꿈을 꾸어야겠죠
어쩜 당신으로 인해
앞으로 내가 조금 편해질지도 몰라요
당신은 내게 온 갱년기니까…

홍도로 가는 뱃길

목포항에서 여객선을 탔다
인간의 욕망으로 빚어낸 호화여객선!
하늘은 맑고 바다는 푸르고
아주 평온한 뱃길이 열리었다
여객선은 하얀 포말을 일으키며
우리들이 갈 홍도를 향해
육지를 떠나 바다로 바다로
점점 속도를 내고 있었다
아차!
배가 육지를 떠난 지 한참…
비금도 앞바다에서
한편의 드라마가 연출되었다
많은 사람들이 웅성이며
갑판으로 몰려가기도 하고
창문 쪽으로 우르르 모여 들었다
누군가 자살소동을 벌인 것이다
갑자기 여객선이 뱃머리를 돌린 것도
물에 빠진 사람을 구출해낸 것도
거의 눈 깜짝할 사이에 일어났다
모든 수습을 끝내고
여객선이 홍도에 다다랐다
붉은 섬 홍도는 신의 창조물인가

홍도자락을 싸안고 끝없이 펼쳐진 바다
물빛은 코발트블루
그리스신화 속 바다의 신 포세이돈은
지금도 온 세계의 바다를 지배하는 것일까
물결은 끝없이 출렁이고
여객선에서 내려 점심을 먹고
유람선에 다시 몸을 싣고 홍도일주를 했다
스핑크스보다 신비로운 幻想의 섬 홍도
기암괴석들의 기이한 몸짓들
붉은 섬 홍도는 신의 창조물인가
자연의 풍경이라기엔 너무나 위대해 보인다
그런데 아쉬웁게도
저녁노을을 보지 못하고 우린 홍도를 떠나왔다
붉은 섬 홍도의 저녁노을을 보고 싶었는데…

* 1997년 10월 1일 홍도를 다녀와서.

우리는

그대는 언제나 내게 다가와
종종걸음으로 돌아가곤 합니다
내게서 영원히 머무를 몸짓도
아니, 영원히 떠날 몸짓도 아닙니다
다만 내 곁에 머물러 주고 싶을 따름입니다
안타깝게도 떠나야 하고
잡을 수 없는 우린
스스로의 운명을
기뻐하지도 슬퍼하지도 않습니다
우린 영영 떠날 수도 있습니다
우린 영원히 함께 있을 수도 있습니다
우린 스스로
매달리지도 뿌리치지도 않습니다
우린 모든 것 다
초월할 수도 있다고 믿습니다
우린 못내 사랑하여
그리워하는 이도 아닙니다
단지 인생이
고달프고 힘들 때 힘이 되어줄 뿐…
우린 쉽사리
서로의 마음을 사로잡지도 못하는

그저 평범할 수밖에 없는 사람들입니다
우린 아마 멀리 떠나도
슬퍼하지도 않을 것입니다
생각하면 웃음이 나올 것만 같습니다
오랫동안 함께 있었다는
그 사실만으로도
우린 위안이 될 것 같습니다

내 인생의 전부

그리운 사람아, 못내 그리운 사람아
너를 잃어버린 후 무심히 흘러버린
기나긴 세월의 허무함 속에

인생도 가고, 행복도 가고
내 꿈과 젊음 또한, 가버리고
다만 내 가슴에 남겨질 것은

슬픔과 괴로움과 아픔, 그리고
상처와 잃어버린 언어와
시인의 가슴만이 있을 뿐

그러나 단 한 줄의 시도
이미 쓸 수 없는 사람이 되었다
시인이 되고 싶었을 뿐이다

사랑이 내 인생의 전부는 아니다
꿈이 내 인생의 전부도 아니다
다만 이렇게 살아가는 것이 전부다

<작품해설>

거친 쇠를 연단해온 풀무질의 언어

김 순 진(문학평론가 · 은평예총 회장)

<작품해설>

거친 쇠를 연단해온 풀무질의 언어

김 순 진(문학평론가 · 은평예총 회장)

송옥임 시인이 두 번째 시집을 펴낸다. 2004년 2월에 첫 시집 『하얀 그리움』을 펴낸 지 15년만이다. 강산이 변하고 변할 시간이다. 그 시간 동안 송옥임 시인의 시도 많이 변했다. 당시에는 자연과 사랑을 중심으로 글을 썼던 반면 지금은 마음과 내면 성찰을 중심으로 글을 쓰고 있다. 당시에는 짧은 시가 주류를 이루었다면, 지금은 시의 길이와 소재가 다양해졌다. 당시의 시집은 등단과 공부 이전의 시들이 대부분이었다면, 이번의 시집은 시인이 된지 15년이 지난 후의 시집이고, 그동안 써온 수백 편의 시 중에 고르고 고른 시집이라 그 작품성이 괄목할만하게 성장했다. 더욱 주목할 것은 고려대 평생교육원 시창작과정에서 공부한 그녀는 다양한 창작기법을 사용해 시를 창작해내고 있다. 반복을 통해 강조하는가 하면, 인칭은유심상법을 통해 은유해낸다. 과감한 생략과 중언부언의 첨가를 통해 시를 효과적으로 써내고 있는 것이다. 시의 제목과 소재의 선택도 많은 변화를 가져왔다. 이 시집은 거친 쇠를 끊임없이 연단해온 풀무질의 언어다.

그녀는 류마티스 관절염과 당뇨병을 가지고 있다. 나

이를 먹으면 자연스레 따라오는 것이 성인병이다. 그녀는 약을 먹으면 숨이 막히고 몸이 경직되는 특이 체질을 가지고 있어서 약을 잘 먹지 못한다. 그래서 그녀는 성인병 관리에 애를 먹는다. 그렇지만 그녀는 정신력과 자신만의 방법으로 병을 이겨내면서 시를 쓴다. 나는 이 시집의 원고를 읽고 편집하고 교정하면서 그녀는 아픈 사람이 아니란 것을 깨달았다. 어느 곳에도 그녀가 아프다는 흔적은 보이지 않는다. 단 한 줄의 류머티스 관절염도, 당뇨 이야기도 나오지 않는다. 때론 다리가 아파서 잘 걷지도 못하는 적도 있다. 그런데도 그녀는 시에서 아프다는 말을 하지 않는다. 그러므로 그녀는 정신적으로 매우 건강한 상태다. 그래서 나는 이번 시집의 해설을 통해서 정신건강이 뛰어난 그녀가 추구하는 것이 무엇이며, 어떤 생각으로 세상을 살아가고 있는가를 들여다보고자 한다. 그녀는 내적으로나 외적으로 성장했다. 뿐만 아니라 그녀는 늘 겸손하고, 스스로를 낮추면서도 자신을 채찍질해왔다. 그런 정황은 이 시집 곳곳에서 드러난다.

그럼 이쯤에서 송옥임 시인의 시 몇 편을 읽어보면서 그녀의 시세계를 여행해보자.

> 비록 하찮은 것을 자르더라도
> 벼리고 갈아 날을 세워야 한다
> 자르고 썰고 다듬고 쪼개고…
> 할일은 많고 많은데
> 베이지 않도록 조심해야 한다

가르고 도려내고 다지는 일도
칼과 인간이 더불어 할일이다
단단하게 자란 무를 토막 내
깍둑깍둑 깍두기를 썰고
감자를 깎는 일도
사과를 깎는 일에도
적절한 방법을 모색해야 한다
허물어도 허물어지지 않는
날카롭고 위태로운 일상들
칼의 공식으로 세상을 견주어 본다
자르고 썰고 다듬고 쪼개는 일들이
세상의 모든 것에 적용되어
평등하고 반듯한 세상이 되어지도록
번득이는 칼날이 무디어지도록
기도하는 마음으로 살아가야 하리

- 「칼의 공식」 전문

칼의 공식은 삶의 공식과 다르지 않다. 칼은 늘 벼리고 갈아야 한다. 벼리고 갈지 않으면 손을 베기 일쑤다. 사람의 마음도 늘 벼리고 갈아야 한다. 마음을 벼리고 갈지 않으면 마음을 베기 일쑤다. 마음을 끊임없이 벼리고 갈지 않으면 작은 일에도 포기하고 상처받는다. 마음도 두루뭉술하게 그냥 내버려둬서는 안 된다. 취미와 특기를 잘게 자르고 썰고 다듬고 쪼개서 인생을 살아갈 때 나만의 도구로 써야 한다. 사랑을 더욱 다듬고 미움을 썰어내 어머니로서 할머니로서의 역할에 충실하여만 한다. 칼로 무나 감자를 썰고 사과를 깎는 일은

쉬운 일이 아니다. 그런데 대부분의 어른들은 칼을 잘 사용한다. 재빠르게 무채를 썰어내고, 사과나 감을 아주 얇게 돌려 깎아내는 기술을 가지고 있다. 그것은 평생 칼을 써왔기 때문에 가질 수 있었던 능력이다. 그것처럼 시인은 평생 시를 써옴으로써 인생 도처에 깔려있는 난관과 복병을 해결할 적절한 방법을 모색한다. 그녀가 허물어질 것 같지만 허물어지지 않는 인생을 살아온 것은 내면에 시라는 든든한 친구가 있었기 때문이다. 하여 그녀는 칼로 "자르고 썰고 다듬고 쪼개는 일들이 / 세상의 모든 것에 적용되"는 것처럼 자신의 인생에도 "평등하고 반듯한 세상이 되어지도록 / 번득이는 칼날이 무디어지도록 / 기도하는 마음으로 살아가야 하리"라고 마음의 칼을 벼리고 가는 것이다.

고요한 날에 비가 내리면
난 문밖의 여자이고 싶다
잡다한 일상들 모두 잊고
조용히 빗길을 걸어가고 싶다
손잡이가 긴 우산을 펼쳐들고
젖은 옷자락을 펄럭이며
나, 먼 곳으로 떠나고 싶다
다시 못 올 날들이여
반짝이던 눈동자여 안녕!
너에게 이별을 고한다
다소 위안이 되었노라고
내, 너에게 필요치 않은 말도 하리라
비가 내리는 날이면
난 문밖의 여자가 된다

오랜 시간 동안 난 자유로운
문밖의 여자이고 싶었다

-「문밖의 여자」 전문

이 시 역시 송옥임 시인의 내면을 표현한 시다. '문밖의 여자'는 어떤 여자일까? 여기서 문이란 집을 의미한다. 집이란 안정, 화목을 상징하지만 신여성, 전문직업인, 예술가와는 상반된 말이다. 따라서 '문밖의 여자'는 '집 나온 여자'가 아니다. '방황하는 여자'가 아니다. 기존의 나를 보다 새로운 환경에 놓고 싶은 여자다. 그녀가 늘 문밖의 여자가 되고 싶은 것은 아니다. 비가 내리는 고요한 날에만 문밖의 여자가 되고 싶은 것이다. 평생 화해농사를 지어온 송옥임 시인은 맑은 날이면 일에 충실하고, 비가 내리는 고요한 날에만 "잡다한 일상들 모두 잊고 / 조용히 빗길을 걸어가고 싶"은 것이다. 비가 내리면 영화를 보거나 카페에 가서 우아하게 커피를 마시고 싶은 것이다. 때론 카페 창가에 앉아 시를 쓰거나, 공연히 턱을 괴고 사색에 잠기고 싶은 것이다. 지극히 자연스러운 욕망이다. "손잡이가 긴 우산"은 다른 세상을 향한 욕망의 표출이다. 나는 송옥임 시인의 이번 시집 중에서 이 시가 가장 마음에 든다. 가장 시인다운 시다. 좀 센티멘털하고 좀 우수가 깃든 모습으로 방황하는 듯, 긴 우산을 받치고 빗속을 거니는 여인에게서 나는 새로운 이데아를 향해 꿈꾸며 걸어가는 여인을 발견한다. 결국 '문밖의 여자'는 시를 쓰는 여자다. 특별한 감정에 몰두하는 여자다. 창밖에 매달린 한 장의 담쟁이 잎에 대하여 오 헨리는 「마지막 잎새」라는 불후의 단편소설을 남겼다. 윤동주는 후쿠오카 감옥의 한 뼘의 작은 창살을 통하여 "죽는 날까지 하늘을 우러러 / 한 점 부끄럼 없기를 / 잎새 이는 바람에도 나는 괴로워했다"고 했다. 이 세상의 의미는 크고 위대한 것에서 발견하기 어렵다. 에베레스트 산을 오르고, 이구아수폭포나 그랜드캐니언을 가봐야 인간이 나약하다는 것을 느낄 수 있을 뿐이다. 구르는 조약돌에 생의 방법이 있고, 작은 들창에 우주가 있다는 것을 송옥임 시인은 잘 안다. 그래서 그녀는 자신을 문밖, 즉 생활의 밖에 둔다. 관심사를 먹고사는 일 밖에 둔다. 그런 일은 옛 성현들이 하던 일이다. 결국 '문밖의 여자'는 송옥임 시인 자신이었던 것이다.

바람이 불던 날도 비 오던 날도
시인은 아무런 생각도 하지 않았다

이제 시인은 시를 쓰지 않는다
마땅한 시어가 떠오르지 않는다

예전에 죽은 유명시인들이
이미 다 써 버린 시어들…

소월님의 '진달래'가 부럽고
만해님의 '님의 침묵'이 부러울 따름이다

죽어서 파랑새가 되겠다던

'보리피리'의 시인 한하운님도 부럽다
내가 쓴 시어들이 세월이 흘러
부끄러운 언어가 될 줄 몰랐었다

보도되지 않은 송옥임 절필사건…
훗날 누가 나를 기억이나 할까

－「보도되지 않은 송옥임 절필사건」

송옥임 시인은 자주 시를 쓰지 않겠다고 말해왔다. 그러면서도 그녀는 시를 놓지 못했다. 그녀가 가장 처음 붓을 꺾었던 것은 15세 무렵이었다. 어린 송옥임 시인은 바람벽에도 시를 써놓고 대문에도 화장실문에도 시를 쓰곤 했다. 시를 쓴 종이가 수백 장이나 되었고 한다. 그러던 어느 날 어린 그녀에게, 자신의 시가 하찮게 보였다. 그날 그녀는 첫 번째 절필을 했다. 이제 이런 시는 쓰지 않겠다며, 그동안 써온 시 뭉치를 땅에 묻어버린 것이다. 그리고 장마가 지고 난 후 그 시가 다시 아쉽게 생각돼 젖은 시를 캐다가 한 장 한 장 널어 말렸다고 하니 될성부른 시인의 나무였던 게 분명하다. 첫 시집을 낸 이후에도 그녀는 자주 시를 쓰지 않겠다고 절필을 선언했다. 이유인 즉 "마땅한 시어가 떠오르지 않는다"는 것이다. 왜냐하면 죽은 유명시인들, 즉 김소월, 한용운, 한하운 등과 같은 시인들이 미리 좋은 말을 다 써놓았기 때문에 자신이 쓴 시가 "부끄러운 언어"가 되었다는 것이 절필을 선언한 이유다. 그것은 많은 시인들이 겪는 고민이다. 시인이 마땅히 해야

만 할 고민이다. 그리고 그런 고민을 통해서 시인은 성장한다. 그러니 「보도되지 않은 송옥임 절필사건」은 보도만 되지 않았을 뿐이지, 수많은 시인들에게 공감을 준 사건이 분명하다. 송옥임 시인은 자신의 이런 시작(詩作)행위에 대하여 "훗날 누가 나를 기억이나 할까"라고 말하지만, 우리 도서출판 문학공원 출판사에서 시집을 내시면 우선 국립중앙도서관과 국회도서관에 납본이 된다. 그리고 교보문고, 영풍문고를 비롯해서 대형서점들에 납품이 된다. 이번 시집을 내면서 그녀의 첫 시집 『하얀 그리움』을 인터넷에 검색해보니 여전히 교보문고 홈페이지에 실려 있다. 졸부들은 기억이 되지 않아도, 평범한 관리는 기억이 되지 않아도, 훗날 송옥임 시인은 분명히 문학의 한 페이지로 기억된다고 말씀드리고 싶다.

금강산보다도 설악산보다도
더 멋지고 아름다운 주흘산이
너그러이 내려다보는 문경읍내엔
지금도 닷새에 한 번 장이 섭니다

채소전 모퉁이에서 만나자시던
우리 어머니는 하늘나라 가셨는데
지금도 가끔 그곳에 가면
채소전 모퉁이를 돌고 돕니다

어머니 그림자라도 찾아보려고
문경장을 헤매며 떠돌다가
그만, 옛 추억을 한 움큼 주워들고

자꾸 뒤돌아보며 발길을 돌립니다

– 「문경장 모퉁이에서」 전문

문경장은 매 2일과 7일에 열리는 5일장이다. 내가 자란 포천시 이동장은 3일과 8일에 열리는 장이었다. 어릴 적 엄마를 따라 장에 갔던 기억이 새롭다. 한 번은 마른 오징어를 먹고 체해서 고생했던 기억도 있고, 타원형의 무등산수박을 사서 10리 길이나 되는 먼 길을 가지고 오느라 땀을 뻘뻘 흘리던 생각도 난다. 장에 가신 엄마를 기다리며 형제들과 동네 입구에 나와 기다리던 생각도 난다. 엄마는 장에 가려면 콩이나 팥, 참깨나 들깨를 머리에 이고가, 싸전에 가서 팔아서 물건을 사와야 했다. 한번은 붉은팥을 머리에 이신 엄마와 함께 장에 가게 되었다. 나는 엄마의 머리에 인 팥자루를 내가 어깨에 메고 가겠다고 떼를 썼다. 그런데 팥자루를 얼러 메다가 그만 병기수입포로 덧 꿰맨 팥자루가 터지고 말았다. 엄마와 나는 신작로 모래밭 위로 쏟아진 팥알을 일일이 주워 되돌아와야만 했다. 엄마는 그 이듬해 병을 얻어 돌아가셨다. 그래서 장날만 생각하면 더욱 가슴이 아프다. 그래서 나는 후일 「장에 가는 길」이란 시를 썼다. 송옥임 시인도 어릴 적, 초등학교에서 돌아오는 길에 엄마와 문경장 채소전 모퉁이에서 만나자는 약속을 자주 했었나 보다. 그 엄마는 하늘나라로 가셨는데, 송옥임 시인은 그때 생각이 나서 채소전 모퉁이를 돌고 또 돈다. 가슴이 찡하다. 나도 송옥임 시인의 어머니를 여러 번 뵈었다. 송옥임 시인의 집에도 가보았다. 한 번은 송옥임 시인이 고향에 빈집을 정리해 살러 내려간 적이 있다. 우리는 그녀를 응원하기 위하여 문경으로 동료들과 몰려갔던 기억도 있다. 그런 저런 과정을 통해 송옥임 시인의 시세계가 이렇듯 정갈하고 명료해진 것이 아닐까 하는 생각이 든다. 애매모호한 분위기, 두루뭉술한 분위기의 글을 가지고 시라 여기는 초심자의 우를 벗어나, 보다 명징하게 심상이 드러나는 시를 쓸 수 있는 능력이 배양되지 않았나 생각된다. 시장에 따라가던 엄마가 몹시 그립다.

그리움이 남아있는 흉물스런 집터
구시대의 유물처럼 덩그러니 외롭다
우리가 살아가는 이 세상에
차마 말 못할 서러움이 너무나 많다

그저 하찮았던 물건 하나하나가
잃고 난 뒤에 너무 아쉽고 필요해
생각하면 자꾸 설움이 밀려와
나도 모르게 눈가에 눈물 맺힌다

작은 일에 연연하던 어리석었음이
오랜 세월이 흐르고 난 뒤에
조금씩 새삼 깨달아 가지만
이제 남은 게 아무것도 없다

내 지난날이 까맣게 불타고
내 젊음이 고스란히 재가 되었다
이제 다시금 기운을 차려

내 의지의 꽃을 피워내야 한다

– 「불탄 집터를 보며」 전문

사노라면 정말 별 일이 다 많다. 인생은 헤쳐 나가는 것이 아니라 견디는 것이란 말이 있다. 헤쳐 나가며 새로운 신대륙을 발견하기엔 밀려오는 거센 바람을 견디기가 너무 힘들다. 이 시는 송옥임 시인은 첫 시집을 낸 후 집에 바로 불이 나서 모든 것을 앗아 가버린 이야기다. 그때 외출 중에 불이 났기 때문에 인명피해는 없었지만, 숟가락몽둥이 하나 건지지 못하고 전소했다고 한다. 다행히도 그동안 써온 시를 시집으로 낼 수 있어서, 우리 출판사에 시집이 남아 있어서 그 시들은 건진 셈이었다. 내 나이 여덟 살 때 우리 집에도 불이 났었다. 동네 사람들이 모두 몰려와 세간살이를 끌어내고 양동이를 들고 와 한 줄로 서서 물을 퍼 날라 불을 껐지만, 초가집은 몽땅 타서 집에 들어가지 못하고 마당가에서 멍석을 펴고 잠을 잤던 기억이 있다. 그때를 회상하시며 아버지는 재당숙 아저씨가 주신 좁쌀 3되로 석 달을 살았다고 하셨다. 송옥임 시인도 집을 몽땅 태우고 얼마나 허망했을까? 얼마나 힘들었을까? 얼마나 맘고생을 했으면 "우리가 살아가는 이 세상에 / 차마 말 못할 서러움이 너무나 많다"라고 했을까, 그녀의 집에 불이 난 지 10년이 훨씬 지난 지금도 가슴이 아파 눈물이 돈다. 쌀, 채소, 숟가락, 밥그릇, 밥상, 괭이, 삽, 호미, 우산, 신발, 칫솔, 화장품, 가방, 사진, 연필, 노트,

책……. 평범히 살고 있을 땐 고마운 지도, 필요한 지도 모르던 물건들이다. 그런데 몽땅 불에 타 모든 것을 새로 사야한다고 생각해보라. 넉넉지 않은 살림살이에 불이 나서 숟가락, 젓가락, 밥그릇부터 모든 것을 새로 사야했을 때 힘든 것은, 서러운 것은, 눈물 나는 것은 너무나 당연한 일이었을 것이다. 그런 폐허를 딛고 다시 일어서, 자식들을 모두 출가시키고 아파트에 살고 있는 송옥임 시인에게 박수를 보낸다.

아이야! 집에 오려거든
너무 서둘러서 오지는 마라

때로는 지름길을 두고
먼 길을 돌아서 오는 여유를 가지렴

모든 일에 너무 서두르지 말고
아주 조금만 여유를 가져 보자꾸나

서둘러 왔다 서둘러 돌아가는
너의 뒷모습이 안쓰럽더구나

'바늘귀 허리매어 못쓴다'는 속담이 있듯이
서둘러 모든 일을 해결하려 들지도 마라

불어오는 바람을 느껴
지혜로운 사람들은 '바람결'이라 이르고

피는 꽃을 느껴 '꽃향기'라 이르니
아주 가끔은 자연을 느끼며 살아가자

아이야! 집에 오려거든
먼 길을 돌아서 여유롭게 오너라

– 「먼 길을 돌아서 오는 여유」 전문

이 시는 자식들에게 주는 유언 같은 시다. 송옥임 시인이나 나는 자식들에게 물려줄 것은 그리 많지 않다. 그러나 괜찮다. 왜냐하면 송옥임 시인은 자식들에게 끊임없이 사색하고 메모해 자신의 어려운 상황을 타개해 나가는 모범을 보여주어 자랑스러운 엄마로 인식되었으며, 두 권의 시집을 물려줄 수 있기 때문이다. 시집 두 채를 물려주는 사람은 그리 많지 않다. 집 두 채는 언제든 주인이 바뀌지만, 시집 두 채는 영원히 주인이 바뀌지 않는다. 부동산이나 금전은 지금 보기 좋을 뿐, 언제든 남의 소유가 되는 것이지만, 시집은 한 번 송옥임이란 이름으로 출간하면 영원히, 자자손손 송옥임 시인의 집이 되는 것이다. 집은 몸의 집이고 시집은 마음의 집이다. 나라는 망해도 책은 보관된다. 옛날 조선시대에도 사고(史庫)라 해서 조선왕조실록 및 도서들을 전국 여러 군데에 보관했다. 조선 초기에는 춘추관, 청주, 성주, 전주 사고가 있었다. 그러다 1592년 임진왜란으로 모두 소실되고 전주사고만 남았다. 그래서 조선 후기에는 춘추관, 마니산, 태백산, 묘향산, 태백산에 사고를 두었다. 그렇지만 춘추관 사고는 1624년 이괄의 난 때 모두 소실되었고, 마니산 사고는 1636년 병자호란 때 일부 소실돼 현종 때 복구해서 정족산으로 옮겼다고 한다. 그래서 인조 이후에 정족산, 태백산, 적상산, 오대산에 사고를 두어 지금이 이른다고 한다. 송옥임 시인의 시집은 국립중앙도서관과 국회도서관에 납본되니 영원히 무너지지 않는 집이 두 채나 되는 셈이다. 각설하고, 송옥임 시인이 두 딸들에게 마음의 여유를 가지고 오라는 것은 너무 바쁘게 사는 현대인에 대한 일침이다. 나는 자주 풀꽃과 마주한다. 돌 틈에서 피어나는 강아지풀과 민들레꽃을 유심히 들여다본다. 강아지풀은 어찌도 저렇게 강아지꼬리 같은 꽃을 피우는지, 민들레꽃은 어찌 저런 나사우주국의 안테나 같은 꽃씨를 매다는지 가만히 들여다보고 있으면 너무나 신비해서 시간이 가는 줄 모른다. 거미가 허공에 너무나 잘 설계된 집을 짓는 것을 볼 때 무릎이 쳐진다. 한 구석에 숨어 있다가 거미줄에 매달린 작은 벌레를 거미줄로 휘휘 감아두는 것을 볼 때 자연냉장고를 사용하는구나 하는 생각을 한다. 여유를 가지는 일은 마음의 부자가 되는 일이다. 물병에 물이 반쯤 남았을 때, 벌써 반이나 마셨다고 말하는 사람과 아직도 반이나 남았다는 사람이 있다. 마음의 여유에서 오는 차이다. 모든 것은 마음가짐에서 비롯된다. 가난이나 부자라는 말은 지극히 상대적이다. 우리는 어릴 적 전깃불도 없어 등잔불을 켜고 살았다. 그때 부자는 '집에 소가 있느냐 없느냐'였다. '라디오가 있느냐 없느냐'였다. 초등학교 때 학교에 가려면 고작 입을 옷이라고는 겨울에는 골덴 잠바나 다우다잠바 한두 벌 뿐이었다. 지금 우리는 수없이 많은 가방과, 옷과 신발을 가지고 있다. 차도 있고, 주방도 깨끗하고, 스마트폰도 가지고 있다. 옛날에 비해 그렇게 부자가 되었는데도 우린 가난을 느낀다. 남과 상대적으로 비교하기 때문에 느끼는 가난이다. 우리는 매우 부자다. 땅이나 집 같은 너무 비싼 존재를 빼고는 조금 노력하면 모든 것을 가질 수 있다. 옷을 사고 싶으면 사고, 맛있는 것을 먹고 싶으면 언제든 사먹을 수 있다. 학교에서 주는 빵으로 연명하고, 쑥개떡이나 먹던 시절과 비교해보면 너무나도 부자가 된 세상이다. 여유를 가져야 한다. 풀꽃을 보지 못하고 자연을 보지 못한 채 생활에 쫓기면 늘 궁핍하고 가난해진다. 한걸음 물러서 자연을 관조하고, 자연의 이치에 대하여 깨달으려 할 때 우리는 여유를 가슴에 들일 수 있다. 송옥임 시인의 말처럼, 그녀의 자녀들이 풀꽃과 이웃을 만날 수 있는 여유를 가지고 살기를 바란다.

내가 잠자고 있다
너무나 오랫동안 잠들어 있다

나를 깨워야 한다
길고 긴 잠에서 나를 깨워야 해

내가 잠자는 동안
세상이 변하고 또 바뀌었다

어디서부터 어디까지
손을 써야할 지 가늠할 수가 없다

부스스 잠깬 내 얼굴엔
아무런 표정도 그려지지 않고

물론 내 머릿속에도
아무런 생각이 떠오르지 않는다

그저 조금 쉰다는 것이
너무나 깊이 잠들었던 것 같다

나를 깨우고 일으켜
세상 밖으로 내보내야 한다

-「나를 깨워」 전문

송옥임 시인은 자신이 지금 어떤 상황인지를 잘 알고 있다. 자신은 지금 휴면상태에 들어있다고 진단한 것이다. 그런데 대부분의 사람들은 그걸 깨닫지 못한다. 그냥 먹고 일하고 노는 것이 깨어있는 줄 안다. 깨어있다는 것은 정신적으로 무얼 추구하는 상태이지 눈을 뜨고 생활한다는 말이 아니다. 몸이 잠든 사람은 일어나야 하고, 정신이 잠든 사람은 깨어나야 한다. 깨어나라는 말은 여러 가지 의미로 해석된다. 생활로부터, 굴레에서 벗어나 지금 상태에서 한층 업그레이드하라는 말이다. 송옥임 시인이 스스로를 잠들어 있었다고 말하는 것은, 조금 쉰다는 것이 너무 오래 잠들어있었다고 말하는 것은 단순히 시를 접고 일상생활에 몰두했다고만 말하는 것은 아니다. 손에 책을 잡거나, 아침에 명상을 하거나, 내가 왜 사느냐고 스스로에게 묻거나, 일기를 쓰거나, 시와 소설을 쓰거나, 신문을 보거나 그런 스스로의 생각을 깨는 행위에 대하여 나태했으니 이제 깨어나야 한다고 스스로를 채찍질하는 것이다. 내가 볼 때 송옥임 시인이 잠들어 있는 적은 없었던 것 같다. 잠시 시가 안 써진다고 끌탕하거나 오랫동안 시를 접고 살 때 송옥임 시인은 자신을 시 속에 내버려둔 것이지, 시 속에 방목한 것이지 결코 시를 벗어나거나 버린 것이 아니었다. 시가 써지지 않을 때 억지로 시를 지어낼 필요는 없다. 그렇게 억지로 시를 지어내려고 한다면 현학적인 시, 지식자랑의 시로 흐를 가능성이 많다. 그럼에 반하여 자신을 방기하고 무언가를 써야 한다는 관념에서 사로잡히다보면 그것이 늦게 방언처럼 터져 나오는 것이다. 송옥임 시인은 계속해서 시를 쓰고 무언가를 추구해왔기 때문이 이렇게 훌륭한 시집을 출간할 수 있었던 것 같다.

이상에서처럼 송옥임 시인의 시 몇 수를 읽어보면서 그녀의 마음세계를 여행해보았다. 지금 나는 그녀의 첫 시집 「하얀 그리움」을 책상 옆에다 놓고 들여다보고 있다. 첫 시집이지만 정말 눈물나게 아름다운 시집이다. 내가 출판사를 차리고 처음 만든 시집이라 하기엔 너무나도 잘 만든 시집이다. 그 시집을 다시 읽고 있다. 한 편 한 편이 모두 소중하고 귀한 감정들이다. 그렇지만 지금 이 시집을 읽고 있노라면 송옥임 시인에게서 부처를 느낀다. 예수, 소크라테스의 성인을 느낀다. 그만큼 성장했다는 말이다. 나무의 성장은 크기로 알 수 있다. 그러나 사람은 스무 살 무렵에 신체적 성장을 마치면 더 이상 성장하지 않는다. 대신 마음으로 성장한다. 내면으로 성장한다. 거친 세상을 향하여 더욱 단단해지고, 아이나 꽃, 강아지 같은 여린 세상을 향하여 한없이 부드러워지며, 무능한 자신을 위하여 핏기 어린 채찍을 가할 줄 알게 된다. 그리하여 세파에 흔들리지 않고, 소문에 부화뇌동하지 않으며, 자신의 상황에 긍정하고 주변을 안정시키는 능력을 가지게 된다. 지금 송옥임 시인의 상태가 그렇다.

지난 30여년 동안 나는 송옥임 시인의 가족들과 형제로 지내왔다. 그녀의 언니도 여동생들도 남동생들도 모두 피를 나눈 형제 같다. 어머니가 돌아가셨을 때 나는 모든 일을 젖혀놓고 달려갔다. 잠시 잠깐도 헤어지지 않고 서로 나눠주고 불러 밥을 먹으며 살아왔다. 그래서 그녀의 이번 시집이 더 귀하게 느껴진다. 그녀는 올해 환갑이다. 요즘이야 젊은 나이라고 하지만, 그래도 환갑은 한 개인에게 큰 의미가 있다. 환갑을 기념하여 이렇게 훌륭한 시집으로 우리에게 기쁨을 준 송옥임 시인의 생에 박수를 보낸다. 엄마의 시집을 낼 수 있게 도와준 그녀의 자녀들에게도 박수를 보낸다.

국립중앙도서관 출판예정도서목록(CIP)

이 도서의 국립중앙도서관 출판예정도서목록(CIP)은 서지정보유통지원시스템 홈페이지(http://seoji.nl.go.kr)와 국가자료종합목록시스템(http://www.nl.go.kr/kolisnet)에서 이용하실 수 있습니다. (CIP제어번호 : CIP2019031132)

송옥임 시집

문경장 모퉁이에서

초판인쇄일 2019년 8월 15일
초판발행일 2019년 8월 20일

지은이 : 송옥임
발행인 : 김순진
편집장 : 전하라
디자인 : 김초롱
펴낸곳 : 문학공원
등 록 : 2004년 3월 9일 제6-706호
주 소 : 우편번호 03382 서울 은평구 통일로 633
녹번오피스텔 501호 스토리문학사
전 화 : 02-2234-1666
팩 스 : 02-2236-1666
홈페이지 : http://cafe.daum.net/yob51
이메일 : 4615562@hanmail.net